新媒体之痛

走出企业运营困境

余创／编著

電子工業出版社
Publishing House of Electronics Industry
北京•BEIJING

内 容 简 介

本书以不同的角度阐述了多个企业在新媒体运营中所走过的"坑"，让新媒体运营人员和企业管理者换一个角度重新审视和理解企业的新媒体运营。

本书主要内容包括企业新媒体运营现状、从 0 到 1 做企业新媒体运营、企业新媒体运营所走过的"坑"、未来企业新媒体运营存在的几种可能。另外，还分析了一些做得比较好的新媒体案例，帮助企业新媒体运营人员更好、更直观地了解新媒体及操盘一个新媒体账号。

本书适合新媒体运营从业者及企业管理者阅读。

图书在版编目（CIP）数据

新媒体之痛：走出企业运营困境 / 余创编著. —北京：电子工业出版社，2018.5
ISBN 978-7-121-33842-7

Ⅰ. ①新… Ⅱ. ①余… Ⅲ. ①企业管理－运营管理 Ⅳ. ①F273

中国版本图书馆 CIP 数据核字(2018)第 048260 号

责任编辑：王　静
印　　刷：北京季蜂印刷有限公司
装　　订：北京季蜂印刷有限公司
出版发行：电子工业出版社
　　　　　北京市海淀区万寿路 173 信箱　　邮编 100036
开　　本：720×1000　1/16　印张：10.5　字数：103 千字
版　　次：2018 年 5 月第 1 版
印　　次：2018 年 5 月第 1 次印刷
定　　价：49.00 元

凡所购买电子工业出版社图书有缺损问题，请向购买书店调换。若书店售缺，请与本社发行部联系，联系及邮购电话：（010）88254888，88258888。

质量投诉请发邮件至 zlts@phei.com.cn，盗版侵权举报请发邮件至 dbqq@phei.com.cn。

本书咨询联系方式：010-51260888-819，faq@phei.com.cn。

前　言

致那些与时代一起成长的新媒体运营从业者们

在写这本《新媒体之痛：走出企业运营困境》前言时，我有点儿担心，将新媒体运营提高到如此重要的位置会对从事新媒体运营的人造成何种影响？众所周知，这几年新媒体运营很火，几乎所有的企业都在布局新媒体，这就像我们小时候写过的作文题目——“我的理想”，大家都有自己的理想，比如成为科学家、宇航员之类的，没有一些“高大上”的理想，都显得自己落伍了。同样，在移动互联网如此发达的时代，哪位企业老板说自己的企业不做新媒体运营，都不好意思出门。

在互联网领域，有一句名言：“站在风口上，猪都会飞”。企业都认识到了新媒体运营的重要性，也感受到社交网络对于企业的价值，感受到了风口，可他们就能飞吗？2014 年，在新媒体起步不久的时候就有专家预测：新媒体会成为企业营销的重要入口。而在此之前，早有企业主在感叹，自己错过了淘宝流量的红利期，错过了卖货郎转品牌商的时机，错过这个或那个，都在后悔，这回面对微博、微信和新媒体，他们生怕再错过了，每一种渠道和手段都想紧紧抓住，可往往是你越想抓住新媒体的脉搏，越不知道该如何操控。

当然，作为一家企业的老板，自然不用亲自操盘新媒体，很多老板的做法就是招人，让专业的人来做专业的事情。而如今却又是新媒体运营人才匮乏的时代，因此，在某种程度上，做什么，怎么做，怎么来定义新媒体在企业中的地位，都没有成功的经验可以借鉴。或许，目前，新媒体运营行业的从业者正在做前无古人、后无来者的事情。

有太多老板因为害怕错过机会，盲目启动新媒体运营，之后却发现微博、微信并不是提高业绩的双引擎，而是鸡肋——“弃之可惜，食之无味”，这是一件极其尴尬的事情。都说中国的生意人很精明，思维转得快，可有的企业老板在新媒体运营这件事情上却往往是盲从，而不是真的感受到这是一种趋势，感受到新媒体的强大作用。此外，就目前的新媒体运营从业人员的整体质素来看，这些人也是伴随着业务的发展而逐渐成长的，他们往往都是新入行的，没有“老江湖”的带领，他们有可能会成为企业新媒体运营的探索者。

我见过一个真实的案例：一家传统品牌的老板，怀揣着几亿元，一心想借助新媒体、社交网络等社会化营销渠道重塑品牌。他认为新媒体、社会化营销渠道很重要，却不知道该怎么做。于是，他网罗了一批写手，但是自己没有方向，写手也没有方向，结果每个月花着钱养着团队。那些被重金挖过来的人才，并不是他们不努力，而是找不到方向和目标。

当一个老板不知道目标、也不太相信别人的建议（往往被自己所谓的"经验"所蒙蔽）时，就会落入一个怪圈——只关注稿件的细节、活动的细节。试问各位企业老板们：你们要是真的有时间，为什么不好好想品牌或者企业的发展战略，而在这边与小编们一起想新媒体选题？

经济学里有一个最基本的定理——"大数定理"，即大多数人最后是失败的、平庸的，只有 1%甚至更少的人才能突围。我相信，总有一些与众不同的老板，他们并不盲从，而是从商业的本质出发，去看待新媒体在企业中所产生的价值属性。置身于商业中，或许你能看见新媒体对于企业另外的一种独特之美。而我也想对那些还在成长中的新媒体运营从业者说一句：不要站在食物链的末端，要站在食物链的顶端，利用新媒体影响企业的相关业务。

作 者

目 录

第2章 从0到1做企业新媒体运营 /24

在互联网时代，媒体传播成了营销的新形式，若一家企业在新媒体时代不能把握机遇，则是一种遗憾。更让人遗憾的是，企业耗费了大量的人力、财力盲目推广，绕了无数条弯路却一无所获，这对企业来说是一笔不小的成本。如何将这些未知的因素更有效地整合？当然不能为了做新媒体运营而做，一定要想清楚此项目在企业中的定位，要整合更多的资源为其服务。这不是一件一蹴而就的事情，而是一个慢慢累积的过程。

第3章 企业新媒体运营走过的“坑”，你必知一二 /70

很多企业新媒体运营人员及企业管理者在做新媒体矩阵及新媒体建设时，往往都会走一些弯路。那么，他们踩过的“坑”，我们是否能避免呢？本章说说企业新媒体所走过的“坑”，以及如何避开这些“坑”。

想做好企业新媒体运营，下面这些“坑”，你必须知道。

其实在很多经典的营销案例中，新媒体在传播过程中都有着举足轻重的地位，其既有可能是话题炒作的承载体，亦有可能是话题的引爆点。但是，还是有很多企业老板忽视了新媒体在营销中的地位或太在乎以往的营销模式。下面来看看一些经典的案例是怎么让新媒体在营销中占有举足轻重的地位的。

企业做新媒体运营，难道仅仅是一种营销、推广品牌的行为吗？或许在不久的将来，新媒体会成为一种新型的业务。它不只是宣传品牌、与用户互动的渠道，更有可能是业务新的增长点，亦有可能是业务的留存档口。在未来，企业新媒体运营的趋势或许跟新媒体的大环境不谋而合，而企业新媒体人员要关心的则是企业业务与新媒体的结合，这也是他们要思考的问题与方向。

第1章

企业新媒体现状

1.1 什么是企业新媒体

如今，企业为了抢占移动时代碎片化的流量，纷纷开始进军新媒体行业，为自己的品牌做官方微博、微信等新媒体渠道推广，可又有多少企业明白运营一个微信公众号的本质呢？实际上，运营一个微信公众号的本质就是运营一家公司，其核心能力并不是文字编辑能力，而是对商业与市场的理解能力，简单地说就是理解用户及其需求。而这些却被众多企业或企业的新媒体运营者所忽视。

在我看来，新媒体只是一个相对准确的概念，以上定义只是针对传统媒体而言的。我所理解的新媒体，就是一群人利用文字、声音、图片、影像等手段创作内容，然后将这些内容通过数字渠道传播给用户的过程，让用户获取信息的渠道不限于以往的杂志报纸、广播电视等，获取信息的方式更自由、更方便，并且让用户在传播内容中获取价值。

基础常识

新媒体是指利用数字、网络等技术，通过互联网等渠道，以及手机、电脑、数字电视机等终端，向用户提供信息和娱乐服务的传播形态。

——摘自百度百科

企业新媒体运营是指企业将原创的内容传播给消费者，原创内容可以包含企业文化、品牌故事等。那么**通过何种表达方式能让用户产生共鸣？**做企业新媒体运营最重要的一点就是要研究所在领域的专业知识及用户的痛点，重视用户的需求，引发用户的情感共鸣，并且赢得他们的信任，辅助企业的内容传播。

“跟风”成了如今企业做新媒体运营的主流

回溯到 2013 年，当时微信公众号刚被推出，自媒体人开始“崛起”。这些自媒体人抓住了新媒体的红利时代，成就了一个又一个的神话。而如今，微信订阅号和服务号的数量已经超过 1000 万个，绝大多数企业都属于“凑热闹”的状态，或者是被形势所逼，不得不做新媒体运营。目前来看，绝大多数企业做新媒体运营都是跟风，为了营造一种“你有、我有、大家都有”的氛围。

还记得在2014年，我拜访了某家传统品牌商。他们的老板告诉我，互联网品牌崛起迅猛，来势汹汹，他们危在旦夕，眼下他们忙于转型，什么都尝试。这个老板很自豪地告诉我：“我们现在在转型，不仅入驻了天猫，还在微博与微信上做推广。”

“你们的产品、业务、供应链都没变？”我问。

“没有，为什么要变呢？”老板回答。

当这位传统企业的老板说出“没有”两个字时，我就知道，他们的转型肯定不会成功。不仅新媒体运营不会成功，连转型做电商也不会成功。这位老板身上有很多传统企业老板存在的通病：

（1）意识并没有转变，思维方式依旧老派。

（2）形变神不变。

（3）架构不变，唯独变化的只是增加了电商销售渠道。

大部分传统企业做新媒体运营都面临以下问题。

问题一：心急

殊不知，现在，传统企业的老板在做新媒体运营时，都是急功近利。

我有一位朋友是做新媒体运营的，他曾经去一家企业应聘新媒体运营岗位，对于企业的各方面他都觉得不错，只是被老板的最后一句话吓跑了。老板问他："你在半年之内能做到让我们的新媒体账号有 10 万名粉丝吗？预算为零，虽然目前这只是一个尝试性的项目，但还是得有目标。"这话一说，朋友被逗乐了，这不好笑吗？尝试性做新媒体运营，没预算，还制定了一个半年内要有 10 万名粉丝的目标，况且这家企业的品牌辨识度又不是很高。

其实，很多企业的老板都有这样的心态，在 2010 年电商崛起而传统品牌被迫转型时，传统企业转型的目标都定得很高。尤其是制造商，以为自己有供应链，就能成为下一个互联网品牌。他们随便取一个名字，找一家代运营公司就做电商了。他们的自信，可能源于之前经商多年的成功经验。可他们又怎么会知道，时代在变化，想要转型做电商，想要做新媒体运营，并非易事。

问题二：不知如何做，只能模仿，却连赝品都做不出来

如今，小到个体户，大到上市公司，无一不在做新媒体运营，可真正做得好的又有几家呢？而事实上，经过这几年的新媒体运营，还真有企业把自己的新媒体账号运营得有声有色。

例如杜蕾斯，当年他们在微博做“天黑请闭眼”的活动时，那种挑逗、情趣的描述，深深地抓住了杜蕾斯的用户及其他受众的心。在杜蕾斯这样的“大牛”企业背后，往往会有一波追随者、模仿者。他们往往生搬硬套，完全不考虑用户的情绪，结果可想而知。

中国有一句老话说得好：“不会做，还不会模仿吗？”但这句话对国内大多数的企业新媒体运营人员来说，还真没什么用。他们连简单的形式都不会模仿，更何况做出新媒体运营的“神话”，这压根儿就是天方夜谭！他们模仿的只是外在的形式，而没有基本的运营逻辑与用户思维，所以这样的新媒体运营不会成功。

在此送给企业新媒体运营人员一句话：不会没关系，但模仿别人也需要思考用户的需求及运营逻辑，这样的模仿才有价值。

问题三：聘用一些莫名其妙的人来做新媒体

我走访过很多家企业，他们在招聘新媒体运营人员方面都有一个误区：把文字编辑能力放在第一位。只要你会写点儿东西，往往就会被企业作为新媒体运营的优先人选。

纵观大多数的企业，他们在新媒体运营用人方面都有一个特点：形式感十足，具体可以分为以下几种类型。

第一种类型：所谓的文艺青年。他们只会写一些无病呻吟的文字，其共同特点就是只想要“小清新”“小文艺”，却不懂受众的审美，是一群活在自己的世界里做新媒体运营的文艺青年。

第二种类型：不知天高地厚的应届毕业生。他们的身上都带有初生牛犊不怕虎的特点，少了对新媒体运营、对用户的思考，他们不像文艺青年，但他们跟文艺青年都有一个共同的特点——不懂用户。

第三种类型：只会单一地模仿其他人的运营人员。这类人只会用一些“萌宝大赛”“发红包”等活动来吸引粉丝。他们不会老老实实地去调研用户的需求，创造有价值的内容，只会抱怨新媒体运营的红利期已经过去。

以上这几类人都有一个共同的特点：不懂得与用户交流、与用户交朋友，自以为是地模仿所谓的“运营方式”。

问题四：企业新媒体中的内容除了广告还是广告

打开时下大部分企业的新媒体账号，出现的都是满屏的广告。这些企业的新媒体运营人员直接简单、粗暴地将企业的广告信息推送给用红包等各种粗暴方式吸引而来的粉丝。据相关从业人员透露，他们在新媒体账号中推送一次广告，就会损失一部分粉丝，而没有取消关注账号的粉丝，几乎都是“沉睡”的粉丝。然而企业唤醒这些“沉睡”的粉丝的手段也就那么几种：发红包、送优惠券、打折等。

除广告外，企业的新媒体难道就没有原创的、有价值的内容提供给用户了吗？在人云亦云的企业新媒体运营时代，只要企业真正站在用户的角度思考问题，就很容易被用户所接受。可又有多少人能沉下心来做内容呢？这似乎变成了企业新媒体的通病，**但这也给在未来创新运营、用心运营的企业新媒体运营人员一次新机会。**了解行业、了解用户的痛点，能沉下心来与用户沟通的企业新媒体运营人员，虽然不一定能写出一手好文章，但是他们绝对能独立思考、与用户交流。让企业的新媒体有新的生命，这也是他们与目前市面上大多数的企业新媒体账号不同的地方。

在未来，企业新媒体账号中满屏的广告会随着企业新媒体运营人员素养的提升而逐渐消失。当然读者也不要误以为企业的新媒体账号不能发企业广告，而是在推送广告信息时，要找到用户的需求或价值观的相交点，让广告变得不那么突兀，变得有趣、好玩，让用户记住你。例如杜蕾斯、支付宝、可口可乐等广告，它们的表现形式有多种，都很能抓住用户的心，让用户觉得有趣、好玩。

其实对企业来说，在做新媒体运营时，模仿、跟风都不可怕，也不要怕新媒体的红利期已过。企业新媒体运营人员要有回归生活的态度，发现生活中的细节与感动，感知用户及潜在用户的真实需求。跟风并不怕，怕的是在跟风后，依旧不明白用户的心、用户的需求。

1.2 企业新媒体运营存在的问题

据悉，目前微信公众平台订阅号和服务号的数量已经超过1000万个。抛开传统的“二八理论”不说，大部分公司和自媒体都在凑热闹，这是一个不争的事实。绝大多数企业在错过了微博运营的热潮后，不想再错过微信运营的热潮，一门心思要将企业的新媒体运营做大、做强。所以，这些企业纷纷摩拳擦掌，不惜血本地请来自媒体人或传统媒体人，希望能把企业的微信平台做起来。然而，大多数企业投入了不少人力、物力，结果却令人失望。即使请了运营领域的牛人加入也无济于事。眼看着微信平台运营这一波热潮又要过去，这些企业只能干着急。然而，他们的症结并不是一两句话就能说清楚的，下面就来分析一下这其中的问题。

企业新媒体运营到底该走什么路

企业做新媒体运营是几家欢喜几家愁，有的企业已经找到了一条适合做新媒体运营的路，有的企业还没有找到做新媒体运营的方法及思路，往往心有余而力不足。

要想知道企业新媒体运营的路该如何走、问题出在哪里，可以先分析一些成功的案例，看看它们是怎么做的，再看看自己的新媒体运营所出现的问题。

成功的“野路子”

大多数知名企业将微信平台定位为服务性平台，因此，它们不约而同地选择开通微信服务号。例如，各大银行的微信服务号的功能主要在于服务而非咨询。用户对于银行的服务功能需求更旺盛，他们希望通过微信平台能更快、更便捷地查询账户。这类企业在新媒体上（微信服务号）所构建的功能更像是将企业的业务嫁接在微信上。当然这些银行也只利用了微信服务号的服务功能，并没有很好地发掘其传播属性。

绝大多数大企业从服务功能出发，号召更多的用户在自己的新媒体平台上更加方便、快捷地使用企业的业务及功能。可那些从零起步的企业新媒体又要如何从众多的微信公众号中脱颖而出，成为中小企业新媒体中的佼佼者？

在众多企业都在围绕企业业务展开自己的新媒体之路时，有一家企业将自己的粉丝社群搬到了微信上，建立了企业与粉丝之间及粉丝与粉丝之间的连接，而企业所扮演的角色及场景都发生了变化。

在杭州，有一个女装品牌叫作绽放，它是一个旅行领域的女装品牌。它走的新媒体运营之路与大众有一些不同。绽放的创始人茉莉会定期与“绽友”们一起去旅行。他们的第七次旅行是在不丹，从那里回来后没多久，绽放就做了一个“忆不丹”的新品。

在他们的旅行途中，少了跟团的限制，多了温馨与真诚，远离了都市繁华与喧闹，人与人之间那份单纯的感情依旧存在。而绽放将这种简单的美好融入旅程，让事物变得更加美好。用户与产品的设计者多了真实的沟通，少了虚情假意，那么产品自然而然就让用户产生了情感共鸣，用户的黏性也自然提高了。“绽友”们说，在他们看来，绽放的衣服所带来的意义要远高于其本身带给用户的功能价值。

绽放通过社群新媒体运营方式，将用户牢牢抓住，而用户的信任度也在逐渐加深。他们所售卖的产品，除女装外，还多了面膜、大闸蟹、月饼等其他品类。因为品牌与用户之间有了足够的信任及了解，品牌方亦可以成为意见领袖，引导消费者的消费。

Tips：绽放的运营思路。

第一阶段：挖掘潜在用户的需求。绽放女装在前期大量调研文艺青年、旅行爱好者在旅行中爱穿什么类型的衣服。这归结为四个字就是“了解需求”。

第二阶段：维护用户。绽放维护用户以微信群为主，以微信公众号为辅。这归结为四个字就是“社群维系”。

第三阶段：绽放会经常举办一些线下活动，让更多的粉丝与其创始人建立某种关系的连接，或是朋友关系，或是“驴友”关系，抑或是买卖关系。通过线下活动加强粉丝之间的互动，也让产品的设计者有更多的机会接触真实的用户，了解用户真实的需求。这归结为四个字就是“用户交流”。

第四阶段：绽放的产品大多是针对用户定制的，少了形式，多了真情，从而增强了彼此之间的信任。因为难忘的旅程，让用户有很多共同的回忆。这归结为四个字就是“灵魂交流”。

第五阶段：通过旅行中的点滴，产品设计者更加了解用户的需求，其将回忆融入产品中，用共同的记忆去“绑架”用户消费产品。这归结为四个字就是“情怀消费”。

可又有多少企业像绽放一样，清楚、真实地了解用户的需求？**抓住用户的心理，这可比用红包吸引而来的粉丝要靠谱得多！**

人云亦云的运营方式，凸显企业新媒体运营存在的问题

企业不知道做新媒体运营的目的

有的企业做新媒体运营往往只发布企业咨询、促销信息等内容，自己也不知道发布这些内容背后的逻辑与意义，像执行任务一样，每天、每周、每月做着相同的事情。如果不清楚自己要做什么，盲目地做出选择，那么之后的道路可能会很曲折，有很多未知的变数。人都这样，更何况是一家企业，连新媒体运营的目的都不清楚，怎么能让企业的新媒体运营出彩呢？

内容单调乏味

目前很多企业的官方微博、微信公众号，都发布一些用户看不懂的内容或简单的企业咨询、领导人讲话、新品发布等无聊的内容，想必企业的员工都不愿意看到这些无聊的内容。

传统媒体内容产出的流程是：选题审定——栏目设置——采访编写——刊发传播。

而在新媒体时代，需要更快、更便捷的内容传播流程。同样，企业新媒体同样可以参考传统媒体的内容产出流程，定时与新媒体用户沟通，了解用户所想、所需，然后再制定企业新媒体的内容，让内容贴近用户的生活。

错误地认为“新媒体=微信+微博”

现在，很多企业在招聘新媒体运营人员时，往往都要求具有运营微博、微信的工作经验。当然，新媒体包括微博和微信，但新媒体不等于“微博+微信”。

除微博和微信外，例如知乎、豆瓣、博客、百度百家、澎湃新闻、今日头条等也都属于新媒体。很多企业错误地认为“新媒体=微信+微博”，他们忘记了在互联网时代，新媒体传播矩阵、新媒体渠道还有更多。当企业多点布局时，要分清主次，比如，目前绝大多数的用户都使用微信，那么企业新媒体运营人员可以将侧重点放在微信上。但其他渠道也不可以放弃，之后可以形成企业新媒体矩阵，让企业的有效信息通过有效的渠道传递给用户。新媒体运营人员也可以将不同类型的内容放在不同的渠道中传播，这样更能有效地到达目标用户手中。

运营方式相对单一，甚至可以说是简单、粗暴

现在的企业新媒体运营人员大多只会用简单、粗暴的方式（比如发红包）吸引粉丝。其实有很多种办法可以吸引粉丝，可为何现在企业的新媒体运营人员只会选择这么一种粗暴的方式呢？

除发红包和抽奖外，难道就没有更好的吸引粉丝的方式吗？可以举办线下活动、线上竞猜活动，让用户跟企业互动，用户就会对你念念不忘，之后的互动他们必将会有回应。跟用户有足够的互动，并且形成某种习惯后，用户自然而然就会回来找你。

企业新媒体活动策划与其内容几乎没有关联

目前，大多数企业的新媒体运营内容往往是平淡无味的业务咨询，活动策划也都是简单、粗暴的现金诱惑。其实新媒体活动策划同样需要好的内容来支撑，两者之间应该相辅相成，共同为企业新媒体创造价值，而不是互相独立。

企业新媒体所传播的内容，其实更应该偏向实用性、分享性及互动性较强的内容，需要引起用户的共鸣。而文字策划与活动策划更应该有机结合，比如，招商银行曾经发起一个“微信爱心漂流瓶”的活动。微信用户通过“漂流瓶”功能捡到招商银行的漂流瓶并回复漂流瓶后，招商银行便会通过“小积分，微慈善”平台为自闭症儿童提供帮助。在此活动期间，有媒体统计过，基本上用户每捡十次漂流瓶便有一次会捡到招商银行的漂流瓶。这次传播很好地将活动与内容结合，活动利用“爱心漂流瓶”的概念，让用户在捡到招商银行的漂流瓶的同时能帮助自闭症儿童。在内容上，招商银行巧妙地将爱心漂流瓶的概念与自己产品——积分进行很好的结合与打包；在传播活动上，用户既可以感觉到招商银行的社会责任感，又能通过积分帮助自闭症儿童。由此，我们也可以看出，最好的创意往往来源于生活，活动与内容也可以有机地结合！

一般企业在新媒体运营的道路上或许存在着这样或那样的问题，想知道问题出在哪里，就得清楚知道企业新媒体存在的意义与价值。

1.3 企业新媒体存在的意义与价值

企业做新媒体运营是希望将新媒体与业务结合，处理各种市场公关方面的工作。企业新媒体运营除能曝光、展示企业形象外，它所能起到的作用也都是关于用户、公关、调研等。但是目前很多企业做新媒体运营只是把新媒体简单地当作传播和展示的渠道。下面说说企业新媒体存在的意义与价值。

很多企业新媒体运营人员都没有想清楚企业为什么要做新媒体运营，做新媒体运营的意义与价值是什么。他们不会挖掘新媒体的内在价值，只看到了新媒体存在的表层功能，也就是所谓的传播及曝光。

企业新媒体运营人员要学会挖掘新媒体背后的商业、产品及用户逻辑，不能单线思考问题。

目前企业新媒体运营人员的思维逻辑

俗话说："三个臭皮匠，顶个诸葛亮"。而在实际的企业新媒体运营中，往往是三个臭皮匠顶不了一个诸葛亮。这话从何说起？下面从企业新媒体运营人员的思考方式说起。

首先，有无数的企业新媒体运营人员抱着执行任务的态度做新媒体运营，但凡是上级领导交代下来的任务，完成就好，不思考所做的工作是好还是坏，是对还是错。他们往往觉得干完就好，别无他求。

其次，他们只有简单的运营逻辑。作为企业新媒体运营人员，他们往往只关注如何增加企业的微信公众号、官方微博粉丝数量，却忽略了在吸引粉丝之后要维系粉丝。

最后，不主动、只是配合其他部门的工作是他们的工作方式。绝大多数企业新媒体运营人员会先等着其他部门提出需求，然后再发布所谓的业务活动或企业资讯等内容。如果是这样做新媒体运营，那么有用户看你的内容才怪。

为何在说企业新媒体的意义与价值时，这里却先谈现在企业新媒体运营人员普遍的思考逻辑及方式？这对我们分析新媒体的意义和价值有何帮助？为何说目前企业的新媒体之路走得有点儿坎坷、有点儿艰辛？原因就是新媒体运营人员的想法有问题。

只是具有正确的思考逻辑，才能体现企业新媒体运营的意义与价值

有人会说，每个人的想法或思维会根据行业不同、公司性质不同或个人喜好不同而有所偏差，但是成功的案例都有其相通之处，要想具有正确的思考逻辑，就得先分析成功的企业新媒体案例。而在这些企业新媒体中做得比较成功的是杜蕾斯。

2013年，杜蕾斯的新媒体运营已经不满足于通过单条微博获得巨大传播量的事件营销，而是逐渐走向整合营销传播与精准营销传播。

整合营销具有以下特点。

特点一：整合营销的传播效率高于社会化营销

社会化营销是杜蕾斯的看家本领，从目前来看，社会化营销无法取代传统营销在用户心中的真实性，因为网络还是不够真实，用户在线下与品牌亲密接触与在社交网络上的接触相比还是天差地别。

在信息碎片化日趋严重的今天，仅仅使用一种传播方式已经无法满足品牌传播的诉求及用户获取品牌信息的诉求。于是，整合营销传播成了品牌商们常用的手段，其中，线上、线下的整合营销传播是一种靠谱的向用户输出信息的方式。当然，整合营销传播并不是让品牌商在各个媒体平台中投入重金，比如，杜蕾斯在“焕觉之旅”的活动传播中，针对其粉丝特点在微博上发起活动，让网友在线下参与，然后再将线下的趣闻二次传播到线上，从而达到了将线上、线下传播融合的作用，也就是所谓的 O2O2O（online to offline to online）。

特点二：从广泛撒网到重点培养

以前，对大部分企业官方微博来说，它们的主要任务是增加粉丝，不管这些粉丝是从哪里来的，它们都照单全收。企业官方微博的运营人员并没有思考企业需要什么类型的用户，因此，“僵尸粉”“抽奖粉”成了常客，事实上，这些粉丝对于企业官方微博的价值寥寥无几。真正有价值的粉丝应该是像朋友一样持续和企业交流的人。

因此，对企业官方微博运营人员来说，他们的任务不应该是增加无用的粉丝，而是慢慢培养和发展属于自己的核心粉丝，这些核心粉丝愿意持续与企业互动，并会成为内容传播的核心骨干，愿意在企业需要帮助时第一时间站出来。当核心粉丝超过 1000 名时（根据“1000 名铁杆粉丝”理论），企业官方微博一定是充满活力的。

杜蕾斯举办的活动之所以能吸引众多粉丝参与，正是因为它培养了众多的核心粉丝，在杜蕾斯之后的营销传播活动中也时常能见到他们的身影，他们会帮着品牌商一起传播。

特点三：从社会化营销辅助公关到社会化营销主导公关

在 2013 年，社会化营销（SNS）非常火爆，几乎所有人都在讨论社会化营销。社会化营销对于传统营销的影响是革命性的，可是我们依旧能看到，许多品牌商仍然是用传统的运营思维主导社会化营销，如果不去改变传统的运营思维，那么企业的新媒体运营不可能做好。

杜蕾斯完全是采用社会化媒体主导传统营销的方式，这种方式更贴近粉丝，也更容易缩短品牌与粉丝之间的距离，杜蕾斯在很多营销活动中能够保持机动、灵活的原因正在于此。

在杜蕾斯的案例中，我们能明显感觉到做企业新媒体运营的意义与价值，新媒体运营的功能和属性与以往的营销方式惊人地相似，可呈现的效果却发生了天翻地覆的变化。

首先，从企业信息展示来说，也就是所谓的企业曝光，以往的企业曝光是单一地向用户输出信息，它们不管用户是谁，不管有没有达到传播目的。而企业在新媒体中的曝光则能精准地向用户输出信息，并让用户参与传播，也就是从简单、粗暴的营销变为精准的互动营销。

其次，以往的客户关系管理是企业获取用户的电子邮箱及手机号码信息，然后单一地向用户推送促销信息。这些促销信息冰冷不堪，二次营销的转化率极其低。而通过新媒体、社会化营销等手段，企业可以挖掘用户在互联网上的足迹，用互联网思维维护用户，而不是简单地推送一条信息。在维护用户方面，新媒体运营比传统的营销方式具有及时性和互动性，企业可以在新品发布之前，让企业新媒体中的用户进行试用，然后进行人为调研，从而形成试用报告，而新品的营销策略及产品策略，都可以根据试用报告随时更新，也就是用数据说话。

再次，以往企业的公关以投放软文为主，自从新媒体出现之后，企业的公关方式也在改变，更多的时候是让用户主动传播企业信息。而且这些信息是用户喜欢并觉得有趣的。在突发事件面前，传统的企业对外发声的方式很笨拙，而新媒体则是一个很好的企业对外发声的途径。从众多企业的案例中可以看出，在发生危机公关时，用户不希望看到一家推卸责任的企业，而是想看到一家真诚负责的企业。

最后，企业做新媒体运营的价值体现在两点：一个是数据沉淀，将用户标签化；另外一个是在企业新媒体有了 1000 个核心用户之后，企业新媒体的传播效果也是惊人的。1 个核心用户会带来 100 个粉丝，到最后可能会带来 10 万次以上的曝光量。所以，新媒体也是企业传播的新渠道，只是该渠道并非是一蹴而就的。

第 2 章

从 0 到 1 做企业新媒体运营

2.1　起步，企业新媒体筹备阶段

自从新媒体出现之后，有很多专家认为企业公关人员的好日子结束了。之前企业通过固定渠道、固定模式维护企业形象的形式，在微博和微信兴起的今天，全都被瓦解了。如今，企业都在做新媒体运营，可怎么做，做什么，由谁做，却是一头雾水。除模仿他人做营销活动或发布部分企业内部信息外，企业新媒体应该从何做起？有这些困扰的企业并没有搞清楚新媒体在市场中应该起到的作用及所处的地位，未能给新媒体“正名”。

别着急做，先想清楚新媒体在企业中的位置

经常有企业的负责人跟我说新媒体是趋势，他们都开通了官方微博、官方微信公众号，但其他的渠道暂时不考虑。我经常反问这些企业的负责人是否清楚新媒体在企业中的位置。如果没有想清楚，做了也等于白

做。但是这也不是意味着得万事想清楚之后才开始做。这里所说的“想清楚”是指想清楚新媒体在企业中的定位。想清楚这一点，才可能会花相应的精力来做新媒体运营。

空想是没有用的，先将下图所示的 5 个问题思考清楚，再来决定新媒体在企业中的定位。

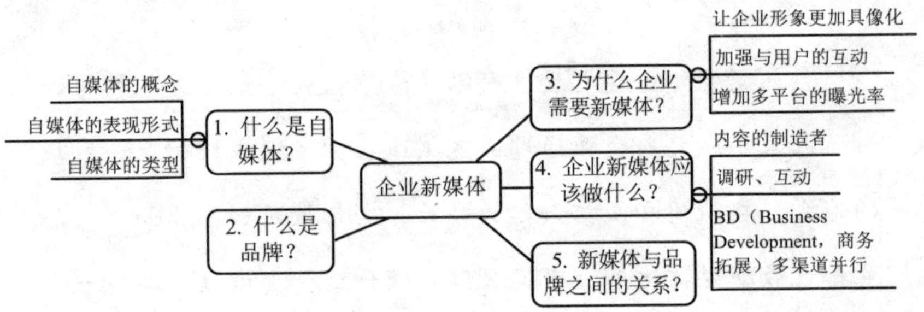

什么是自媒体

自媒体的定义详见第 1 章。

目前，自媒体平台包括：微信公众号、微博、头条号、一点资讯、知乎、网易号、UC 订阅号、新浪看点、企鹅媒体等。

自媒体的表现形式有：文字、图片、图文、音频、视频和直播。

什么是品牌

我曾经在知乎上看到一个区分推销、促销、营销和品牌四者的逻辑关系的文章，说得很有道理。

> 男生对女生说：我是最棒的，我保证让你幸福，跟我在一起吧——这是推销。
>
> 男生对女生说：我爸有 3 套房子，跟我结婚吧，以后这些房子都是你的——这是促销。
>
> 男生根本不对女生表白，但女生被男生的气质和风度所迷倒——这是营销。
>
> 女生不认识男生，但她所有的朋友都对那个男生夸赞不已——这是品牌。

这篇文章从两性关系上很好地诠释了推销、促销、营销和品牌四者的逻辑关系。企业为何做品牌？就是为了为产品背书，让产品有好的销量。此外，好的产品会为品牌加分，而有瑕疵的产品如果处理不好，则会为品牌带来负面影响。比如，三星手机的“爆炸门事件”，这对三星品牌来说是毁灭性的打击。一旦消费者不再信任品牌，企业再推出新品时就会出现销售业绩下滑等局面。

为什么企业需要新媒体

企业做新媒体运营有如下3大好处。

1. 让企业形象更加具象化。

很多企业把自己的官方微信公众号及官方微博做成了类似20世纪90年代工厂里的宣传栏或校园里的黑板报，在其中推送一些企业内部的信息、毫无温度与情怀的文字，除了你的员工，没有用户会喜欢。其实做新媒体运营最大的好处就是让企业可以“说人话”，要用最接地气的语言、用户明白的语言表达，如果不接地气，那么企业的新媒体会得“咽喉炎”，让自己和用户都难受！

2. 加强与用户的互动。

很多人都知道利用新媒体能实时与用户互动，企业不要仅把新媒体当成是简单的客服，还要将其视为新产品、新业务开发调研的第一战场。通过用户的信息反馈，对自己的产品及业务进行迭代，也是一种不错的生产方式。

3. 增加多平台的曝光率。

当企业还不是一个知名品牌时，一定要在用户中多露脸。这就类似明星的宣传。一部电视剧、一张唱片刚被推出时，经纪公司与发行公司喜欢让明星多被曝光，就是为了作品能在各个媒体渠道中让更多的受众知道。

企业新媒体应该做什么

1. 内容的制造商。

企业的新媒体运营部门类似于传统媒体的采编中心，他们是内容的制造商。其发布的内容可以结合企业自身的业务、用户及营销活动等，千万别把新媒体做成企业信息的宣传栏。

2. 调研、互动。

在与用户的实时互动中，要及时了解用户的需求，并将相关需求提交给产品研发等部门。

3. BD（Business Development，商务拓展）。

一个人的力量往往是单薄的，可以与其他企业的新媒体账号交换流量及营销联合等，但要注意品牌之间要相互匹配。

4. 多渠道并行。

新媒体运营并非只有微博、微信这两个渠道，应该与其他新媒体渠道一起运营，但得有侧重点地运营。

新媒体与品牌之间的关系

很多人都会问我新媒体运营与品牌之间有什么关系。我会告诉他们："新媒体运营是更具象化地与用户沟通的一种方式，也是表现品牌的一种方式。"

以上五个问题差不多已经告诉了读者新媒体运营对于企业的作用。企业新媒体是建立在品牌、业务与用户之间的一座桥梁。企业新媒体运营可连接多方，也可将品牌更具象化地展现在用户面前，它的作用是很多传统媒体广告很难取代的。

不要随随便找几个实习生就做新媒体运营

"做新媒体运营很简单，找几个会写文章的实习生来做即可。"

"找几个会写文章的人来做就好了，这个成效慢，没必要找有经验的人。"

"找一个会排版的人来做新媒体运营就行了，内容让公司其他部门的人来写，效果可能也很棒。"

以上是最典型的关于企业新媒体运营三大观点。在早期，没有人做过新媒体运营时，大家以为找一个会写文章的实习生或新人就可以做起一个微信公众号，并且到现在为止，大部分人还是持此观点。

下图所示的是成熟的新媒体运营部门的人员结构。

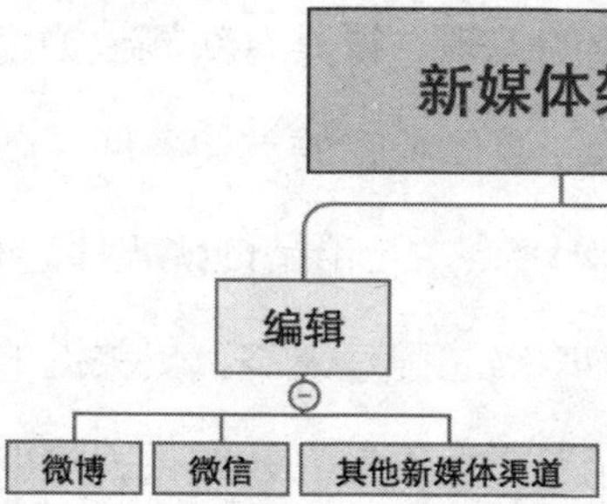

从中可以看出，成熟的新媒体运营团队需要编辑（内容制造者）、运营策划（活动策划人员），以及设计人员。由此可见，并不是随便找几个人就能做好新媒体运营的。编辑、运营策划、设计这三个岗位都有着不可替代性，并且针对不同企业的新媒体运营策略的不同，这三个岗位的重要性也有区别。下面先来看看这三个岗位在新媒体运营中所扮演的角色。

编辑：企业内容的创造者

在企业的新媒体运营团队中，编辑是很重要的岗位，那么新媒体编辑需要具备什么样的素质才会在企业新媒体运营中发挥作用呢？很多企业老板都会选择让实习生来做新媒体运营的编辑工作，以为这个工作就是写文章、卖弄文采，东凑西拼就能写出一篇好文章。这种想法真是太天真了。

新媒体编辑需要具备以下素质。

第一，要成为一名合格且出色的编辑，得具有新闻敏锐度。你大概没有想到，新闻敏锐度居然是成为新媒体编辑的首要条件。敏锐度高的人会发现人、物、事件及其背后的闪光点。无论是传统媒体还是新媒体，对于趋势的把握以及对人、事、物的描述都是关键，更关键的是你得在众多的趋势发展中，坚持自己的观点，而不是人云亦云，除要准确把握热点外，还要坚持企业本身所具有的价值观。

第二，除新闻敏锐度外，整合资源也是新媒体编辑所要具备的一个非常重要的技能。在目前的新媒体环境下，新媒体编辑不像传统媒体的编辑有采访的权力，通俗地说就是传统媒体编辑可以光明正大地采访，而新媒体编辑则是属于无照经营的“小贩”。当然，这里只是想要告诉新媒体编辑，要学会整合资源。整合资源对新媒体编辑来说是比较重要的素养及技能。新媒体运营部门往往只是市场部门中的一个小部门，在大多数情况下，这些编辑只能执行上级的指令写文案，整合资源的能力较差，但对一个合格或是有想法的新媒体编辑来说，必须要打开自己的视角及格局，让自己成为公司的首席社交官，那时你就会发现整合资源的渠道很多，公司里的员工、用户、产品等有很多故事可以说，比写一些介绍产品、介绍促销活动的文案，这样效果要好很多。其实这也体现了一名新媒体编辑的选择能力，在信息爆炸的年代，新媒体编辑选择何种素材、整合哪些内容才符合企业的品牌形象，这考验的就是新媒体编辑整合资源及选择内容的能力。

第三，具有阅读感。在我看来，目前，企业新媒体编辑最需要的不是文采，而是阅读感，这种阅读感得符合网络的发展趋势，符合时下用户的口味，符合逻辑。当然，新媒体编辑要是能写出一手酸溜溜的文字，让很多人记住你的独特行文方式，那么也是一个有个性、有生命力的作者。

运营策划：流量创造者及维护者

有很多人认为，新媒体策划就是运营新媒体渠道，新媒体运营就是内容运营，这是一种狭义上的理解。那么，如何定义企业新媒体的运营策划？如果将新媒体公众号看成一个产品，那么新媒体运营策划既是产品经理，又是产品运营人员。

如何让产品（企业的微信公众号）被更多人熟知、推广并抓取更多的流量，是产品运营人员所要思考的，另外他们还要考虑用户转化、停留、跳失等问题。产品经理则需要不断与用户交流沟通，优化目前产品所存在的劣势，以便更符合用户的行为习惯。

在我看来，新媒体运营策划是一个既能吆喝卖东西，也能绞尽脑汁让留下来的用户产生黏性的人。通俗地说，新媒体运营策划要能吸引并留住用户，不断用各种活动或内容去刺激、转化用户，让企业新媒体有相对稳定的用户基数。

设计：内容与运营的呈现效果

很多人认为设计师只是一个处理图片的岗位。曾经也有企业的管理者跟我说："设计师不就是修图吗？"他们却忽略了设计师在视觉传达上带来的效果，在我看来，视觉设计其实就是将内容呈现给用户，通过视觉传达呈现效果。

对于企业新媒体的视觉设计，有以下 **3** 个要求。

第一，视觉传达，要在视觉上足够吸引人，才能完成信息传达。在商业社会中，不论是功能还是形式，用户不断地有新的需求，而这些需求也推动新媒体在视觉传达方式上的改变，从以往的广告设计、产品包装设计到现在的营销、传播、产品设计等，无一不能感受到这种翻天覆地的变化。

第二，在呈现效果中要添加与用户交互的元素。再酷炫的视觉，也要在呈现效果上增加与用户的互动环节，二维码、口令、密令等技术成了实现与用户交互的关键。企业新媒体是传播的路径，而在此路径中，如何设计与用户之间的互动，是编辑、运营策划及设计师需要协同处理的问题。

第三，不要认为设计师只是修图。在众多企业中，设计师往往被忽略。老板往往认为他们只会修图，实际他们能以惊艳的效果将产品呈现在受众面前。

综上所述，企业新媒体所需要的人员就是编辑、运营人员及设计师，这三者之间的协同工作并不是几名实习生就能解决的。企业要想做好新媒体，就要老老实实地招聘有经验的编辑、运营策划及设计师，不要妄想通过实习生带来惊喜。

当然，实习生也可以由正常的团队成员来带，慢慢培养，切忌急功近利。

除微信外，企业必须知道的 7 个新媒体平台

自从微信公众号被推出后，越来越多的人加入新媒体运营行业，这也导致企业做新媒体运营仅仅专注在微信平台。下面是企业新媒体运营人员必须要知道的 7 个新媒体平台。

今日头条（见下图）

据媒体报道，今日头条旗下的头条号有 4 亿位用户，每天有 4000 万位活跃用户。面对如此大的流量，谁都想在此分一杯羹！2016 年，头条号开始培养以生产原创内容为主的新媒体账号，同时也在大量吸纳原创内容，目前，头条号的入驻门槛已经全面降低，但企业在申请入驻时需要注意以下几点。

（1）文章的内容必须专注于一个领域，要有针对性地写。

（2）要提供有效的原创文章链接，让今日头条可以查看文章的质量。

（3）发布的文章数量不能太少，并且必须是近期的原创文章。

百家号（见下图）

百家号是百度旗下的新媒体平台，一般来说，百度旗下的百度文库、百度贴吧、百度知道等平台上的文章在百度搜索结果中排名都非常靠前。同样，在百家号上发布的文章在百度搜索结果中排名也是靠前的，所以，百家号对企业来说是一个非常好的引流渠道。

虽然，目前百家号的运营状况很普通，也没有给入驻的媒体带来惊喜，但是不管此平台最后能否做起来，都建议企业先一步入驻，试用一段时间验证一下效果，毕竟其高权重及天生自带的 SEO（搜索引擎优化）光环不是其他平台可以做到的。

一点资讯（见下图）

一点资讯和头条号差不多，其文章的审核时间较慢。根据我的观察，偏向于感情方面的文章在一点资讯上会有比较不错的浏览量，但目前来说，其整体流量略小于今日头条。

搜狐新闻（见下图）

搜狐新闻自媒体平台目前未开通企业机构账号，只开通了媒体、自媒体、视频媒体及政府等类型账号。从申请流程来看，搜狐新闻自媒体平台的申请流程简单并且容易通过。由于目前搜狐新闻自媒体平台还未开通企业机构账号，几乎都是媒体账号和自媒体账号，所以发布的文章几乎是瞬间就通过，阅读量也不错。如果企业想在搜狐新闻自媒体平台进行推广，则可以开通一个自媒体账号，将硬性广告植入自媒体文章中。不过，广告虽好，但不能发太多！

腾讯开放平台（见下图）

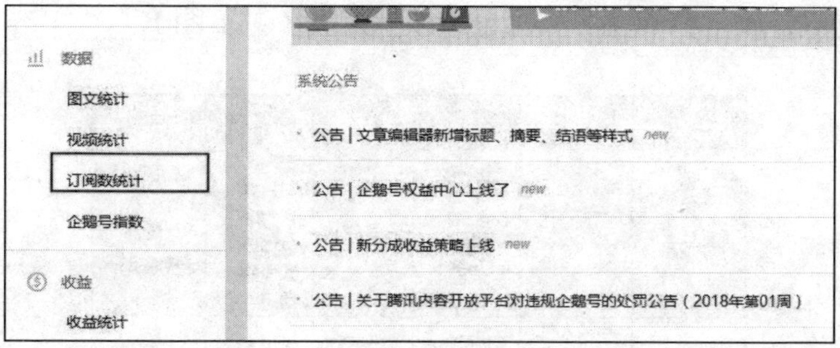

腾讯开放平台是腾讯所创立的自媒体平台，目前，平台中所发布的文章将被分发到腾讯新闻客户端、天天快报客户端、腾讯网迷你首页、腾讯微博、QQ 浏览器等应用中。

在登录腾讯开放平台后，就可以对分发到各个平台的数据进行统一管理，更直观、快捷。其中“图文统计”“视频统计”和“订阅统计”栏目中均会独立展示文章在各个平台的数据表现。但是为什么发布了一篇文章，在已经有了阅读量和评论后，在其他数据统计中却显示为零？这是因为系统在每天上午会更新前一天的数据，而目前阅读数和评论则是实时展现的。

腾讯开放平台目前开通了企业账号（企鹅媒体平台），所以，企业可以将新媒体运营的重点放在企鹅媒体平台，毕竟它也是腾讯的产品，文章的曝光渠道较多，通过查看实时数据也可以辅助改变传播策略，从而优化传播。

腾讯开放平台的注册类型分为以下几类（见下图）。

	个人	媒体	企业	政府	社会组织
适用类型	个人	通讯社、报刊杂志、电视台、电台和有新闻资质的网站等	企业及其分支机构等	国内外各级政府机构、事业单位和参公管理的社团组织等	不属于媒体、企业和政府的其他组织
准备材料	申请人身份证信息	组织名称	企业名称	机构全称	组织名称
	申请人手持身份证照片	组织机构代码	企业营业执照注册号	公函	组织机构代码
	微信公众号验证	微信公众号验证	微信公众号验证	微信公众号验证	微信公众号认证
		运营者身份证信息	运营者身份证姓名	运营者身份证姓名	运营者身份证姓名
		运营者手持身份证照片	运营者手持身份证照片	运营者手持身份证照片	运营者手持身份证照片

网易云阅读（见下图）

网易新闻的客户端做得也不错，但要想将其阅读量扩大，得拉拢更多的用户。网易创建网易云阅读是想通过自媒体平台扩大平台的广度，从而有助于更好地撒网捕获用户，也就是获取更多类型的用户，毕竟不能只有各种大媒体的内容，还要有自媒体的内容，这样才有利于平台生态的建设。

UC 订阅号（见下图）

2016年5月，阿里巴巴召开发布会，宣布UC订阅号正式上线，由此又一家自媒体平台诞生了。对广大自媒体作者来说，他们手中又多了一个武器库。UC订阅号有阿里巴巴这个流量入口，效果一定不错，所以建议企业尽早注册UC订阅号账号。

除上述所说的新媒体平台外，还有在2016年获得了1亿美元融资的知乎，在知乎上也可以运作机构账号，在有选择的情况下，知乎也将开始搭建针对企业的机构账号。目前在知乎上开通机构账号的企业似乎有点少，它们也在评估知乎对内容运营的价值。现在开通知乎的机构账号或许还有流量红利，这对企业主来说是一件利好的事情，但知乎的用户有别于今日头条等其他新媒体渠道的用户，知乎的用户或许带有“高知识分子”“愤世嫉俗”的标签，是一群“得罪不起”的用户，所以，企业在开通知乎机构账号时要慎重。

企业新媒体要“吸粉”到底是内容为王，还是渠道取胜

俗话说“酒香不怕巷子深”，但在互联网时代，再香的酒，如果不利用好互联网营销，也只能在小胡同巷子里叫卖，香味很难飘到十里八乡外。相反，一般的产品如果能做好线上品牌的曝光和推广，则也能达到门庭若市的效果。我曾跟一群创业者及从事企业新媒体行业的前辈聊天，对于到底是内容为王还是渠道取胜，他们往往争辩得不可开交，也没有得出什么结论。下面我就好好分析一下。

新媒体“吸粉”常见的四种套路

以微信公众平台为例，目前在微信公众平台获得粉丝的有效方法主要有以下四种。

第一种是老老实实做内容，让用户自觉转载。比如，早期的罗辑思维、一条等，它们扎实做内容，用内容与用户产生连接，这种连接可能是让用户产生的情感共鸣，可能是用户需求，也有可能是某种社会热点。用户看到内容后进行转发、分享等操作，从而实现粉丝增长。

第二种是通过活动推广。比如，早期的集赞、优惠、投票、送红包、猜谜语等活动。活动推广的方式是常见的“吸粉”手段之一，但通过活动推广而来的粉丝，需要一段时间的“洗牌”。因为这些粉丝是为了红包、优惠券而来的，被利益吸引，自然也会因为没有利益而离开。

第三种是付费推广。比如，名人推广、地面推广等方式，这种推广方式一般适合市场预算比较充足的公司。一般的创业项目、企业可以忽略这种推广方法，可以考虑利用企业内部的资源进行推广。付费推广，就是巧妙地把钱花在刀刃上，让企业的微信公众号高效地获取用户。

第四种是通过在各大自媒体平台发布内容，推广企业的微信公众号，积累粉丝。

还有一些其他的推广方式，比如，开发有意思的游戏、应用等，这里其实包含了各种应用场景。就像滴滴刚开始为了让其微信公众号的粉丝快速增长，就使用了让用户支付车费后自动关注微信公众号的功能，从而成功“吸粉”。如果企业有能力将支付功能与关注企业微信公众号功能绑定在一起，那么其粉丝的增长速度也将快速、有效。还可以利用优惠券等促销手段，让这些用户再次消费。

内容对于企业新媒体来说有多重要

新媒体运营人员都知道内容的重要性，但对企业新媒体来说，内容是否比渠道更重要？从目前新媒体内容的发展趋势来看，深度垂直、专业性高及娱乐化的内容是最受关注的。娱乐化的表现形式已成为主流，从目前的新媒体账号来看，《晓松奇谈》《奇葩说》《吴晓波频道》等都在自己的内容中融入了很多娱乐化的表现形式。很多人会说，这是视频，表现方式不一样。但在我看来，在内容领域，视频也好，文字也罢，每一个领域都会出现大批高质量、娱乐化的传播分享渠道。只是这些与企业的新媒体运营是否有关系？

先来看一下做得比较好的新媒体账号，差评、二更、毒舌电影、深夜发媸等都是比较有名气的新媒体账号，它们的内容都深度垂直且具有一定的趣味性，满足了不同用户对内容的需求。

俞敏洪看了 5 分钟路演就决定投资 500 万元的自媒体——同龄圈，主要针对的是母婴群体，尤其是处于孕期的准妈妈，并提供相关的健康咨询和医学建议。不同于其他拥有上百万名粉丝的微信公众号，同龄圈并非是一个微信公众号，而是由几十个微信公众号组成的自媒体，其积累的粉丝数量达上百万。从同龄圈这个案例来看，内容运营是有必要的，也是成功的基础。试问，有哪家企业会像同龄圈那样，为了做更精准的内容，每隔几个月都要启动一个新的新媒体账号来留住更多不同类型的用户，为企业的产品或所服务的项目搜集更多的用户？如果企业真这样做了，就是重视内容。敢问，现在有哪家企业会将内容运营看得如此重要?

如今的企业新媒体更注重渠道及活动

当大部分企业想在新媒体渠道上快速吸引粉丝时，往往会比较看重渠道和活动。而那些所谓的新媒体编辑也往往将重心放在了活动策划上。目前，企业新媒体中所策划的活动方式万变不离其宗，下面总结了 4 种常见的新媒体活动方式。

1. 投票。

例如，举行“萌宝大赛”等，此类活动的成功关键在于两点：一是奖品设置得有吸引力，用户想要获取奖品就必须要努力地传播信息。二是种子选手的选择非常重要，参与投票的选手一定要有大量的好友，利用选手的好友圈进行发酵和传播。

2. 红包。

例如，关注企业微信公众号领取红包、设置各种红包插件让用户自行发红包分享等。

下图所示的内容是一个红包插件，用户关注该微信公众号后，可以使用发红包功能，将红包用二维码的形式分享到朋友圈，其朋友可以扫二维码领取红包。很多人会问，如何利用它增加粉丝？可以在粉丝扫描二维码时，提示其关注自己的微信公众号后才能自动领取红包。如果100份红包全部被领光，则意味着你会增加100名粉丝。此红包插件是由第三方公司开发的，不需要企业开发，只要告诉用户玩法即可。除让用户分享朋友圈外，企业还可以加入刺激用户分享红包的内容。虽然红包被用户的朋友领取，但朋友圈红包跟微信群红包或个人红包相比，还是比较新颖的。建议企业可以借着过节的时机，用一些方式刺激用户在朋友圈分享红包（红包若没有被领光，则会在几个工作日之内退回用户的账户中）。

3. 集字。

大众点评曾推出的“大众点评霸王餐”集字活动“刷爆”了朋友圈（见下图），其活动形式是：用户可以抽奖一次，得到“大众点评霸王餐”

中的一个字，然后邀请好友帮其集字，每个好友可以集一次，集齐“大众点评霸王餐”七个字就可以获得现金券奖品。

此活动的关键在于让用户为了得到奖品自发传播，并在弹窗中提示参与活动必须先关注企业的微信公众号。此活动的核心在于中奖概率（每个字出现的概率），比如，某个字可能要抽几百次才能抽到一个，这样就很好地控制了成本。

4. 拼团。

在拼团活动中，企业对商品的选择是比较关键的。什么才是用户喜欢的商品？无非是高频率、需求大及性价比高的商品。越是用户需要的商品，越应该进行拼团活动，这样参与人员范围够广、人数够多，才能引发“病毒式”的传播。

其实，每个行业都有适合自己的新媒体运营模式，或许你在实际操盘的过程中也会悟出新的模式与方法。在企业进行新媒体运营之前，或许就应该思考一下，自己从事的行业到底是内容重要还是渠道重要。另外，新媒体运营人员切忌闭门造车，要抓住热点进行内容创作。**其实对企业来说，在新媒体领域，不管是内容为王还是渠道为王，最主要的是用户的需求和他们所关心的话题等。这才是一个企业真正需要面对的问题。**

2.2 整合，企业新媒体运营与内容之间的瓜葛

在互联网时代，媒体传播成了营销的新形式，若一家企业在新媒体时代不能把握机遇，则是一种遗憾。更让人遗憾的是，企业耗费了大量的人力、财力盲目推广，绕了无数条弯路却一无所获，这对企业来说是一笔不小的成本。如何将这些未知的因素更有效地整合？当然不能为了做新媒体运营而运营，一定要想清楚此项目在企业中的定位，要整合更多的资源为其服务。这不是一件一蹴而就的事情，而是一个慢慢累积的过程。

"整合"才是企业新媒体运营的出路

在过去的几年里，随着社会化营销、微博、微信等传播形式的兴起，中国移动互联网进入了快速发展的阶段。新媒体的兴起为传统企业的转型提供了新思路，成为行业转型发展的突破口。面对机会，众多企业的反应不同。有的企业明知新媒体带来的机会对于企业未来的发展有着不

可估量的意义，可还是只拿出一点点的资源，找几个不太熟悉的实习生进行操作，结果可想而知。

目前，中国互联网用户人数、移动互联网用户人数，以及智能手机用户人数等均跃居世界第一。此外，中国具有近 7 亿名移动互联网用户和智能手机用户。也正是由于这一点，所有的企业都盯着移动互联网及相关产业。面对机会，有的企业表现得畏首畏尾，总希望能有一个开荒的领头人带路。可是，当领头人上路之后，哪还有其他企业什么机会呀？很多企业都夸可口可乐的广告内容好，可是它们在夸赞的同时，却只用几个实习生和少许的资金进行尝试，到最后只能心灰意冷地退出战局。

对企业来说，整合资源是一件任重而道远的工作。

企业对整合资源的误区

企业新媒体需要整合的内容如下图所示。

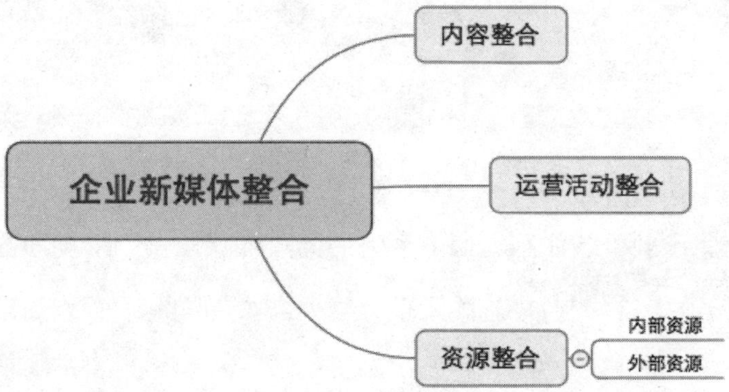

“我们发动集团内部的人员转发企业微信公众号的内容都没有成效，或许只有当老板带头转发后带动高管转发，然后再带动部门总监转发，最后才能带动所有人员进行转发，内部调动资源都如此费劲，结果可想而知。”

“我们公司经常让我出去找资源，去整合其他微信公众号的资源，类似于互相引流。其实花一部分资金就可以吸引一批现有用户关注自己的微信公众号了。自己还没有强大就去跟其他微信公众号互换资源，我也是无语了。”

“我们老板对新媒体部门的态度就是不给资源，也不去拓展资源，只是让我们多提供原创内容、‘蹭’热点。我想说，你让我们写原创内容、‘蹭’热点，倒是拿点儿资源来推广啊！”

误区一：只整合资源，不整合内容及活动策划

企业老板的观点：整合资源无非就是对投放渠道资源的整合，跟企业新媒体中的内容没有一点关系，内容由新媒体运营的编辑整合，偶尔发一个专题即可。

这是一个误区，企业老板认为企业新媒体中的内容仅仅是由几个新媒体运营编辑产出的，其实内容也是需要整合的。首先，需要整合内部的内容资源，也就是与业务相关的内容由产品运营者提供。其次，品牌部门时不时会策划一些线上、线下的活动，这些活动也可以成为企业新媒体的内容之一。再次，跟企业相关的合作方，也可能会提供与用户相关的内容，他们可能是该行业的达人、网红等。最后，用户也是一个很重要的内容来源，例如，用户故事、用户关心的话题等，都需要企业新媒体运营编辑进行整合与撰写。

案例：某美妆品牌的内容整合

从下图中我们可以看出某美妆品牌的新媒体运营内容整合方向与上述的观点基本一致。企业要切记，用户的需求是什么，你就应该给用户什么样的内容。做好用户调研对企业新媒体的定型以及定性都至关重要。

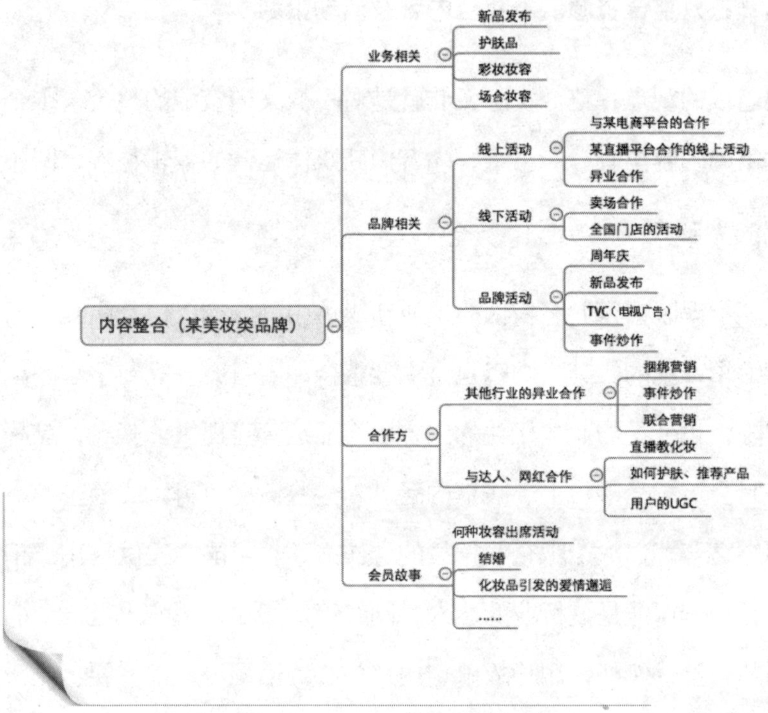

误区二：整合是营销策划的事情，跟其他职能部门毫无关系

整合一词看上去是为了营销，比如，整合营销的概念在人们心中已经根深蒂固，可整合不仅仅是营销策划的资源整合，还包括了内部、外部资源的整合，也就是所谓的市场合作。

整合一词对于营销活动策划人员来说是陌生的，它需要调度的内容比较多。但对于整合资源，很多企业老板认为这是营销策划的工作，却忽视了在营销策划之下的其他内容，包括市场拓展人员。

误区三：忘记整合内部资源

很多企业老板会想着去拓展外部的资源，却忘记了其实企业内部也有很多资源可以调用。以某美妆品牌为例，其线下门店、网购包装、员工（业务员）都是可以整合的资源。例如当企业利用新媒体渠道吸引用户时，可以通过线下门店展示二维码配合赠送新品的试用样品的方式，当用户关注企业的微信公众号时就送新品的试用装，这对企业的用户及潜在的用户来说都是一个不错的营销方式。

整合对企业来说，是一个积少成多的过程，从内容营销策划到内部、外部资源的整合，只要有足够的用户，且有用户想要的信息，企业就应该想方设法地提供这些内容，整合更多的资源以接触更多的用户。

整合企业内部资源

发动企业的员工参与（此条适合所有公司）

很多时候，企业新媒体从业人员问得最多一个问题就是："我该如何吸引粉丝？"其实，任何一家企业，不管是大企业还是小的创业公司，都应该挖掘好的内容，然后利用好的内容继续裂变，而第一层裂变，就是企业员工的转发。

建立属于自己的核心用户（此条适合互联网和快消品、服务行业等

企业）

其实在创业初期，企业往往会从身边人的需求开始挖掘，而且其核心用户也往往来自于周围的朋友或是朋友的朋友。对于那些成熟的品牌，尤其是那些快消品及服务行业的连锁店，则可以建立自己的核心用户，利用他们进行传播。

利用线下支付的营销活动（此条适合商业地产，有线下门店的快消品、服务行业等）

线下的资源对很多创业公司来说是可望而不可即的，但近几年有很多家传统服饰品牌纷纷宣布关闭其线下门店，所以目前还有线下门店的企业，应该好好抓住这些资源。不管是直营门店还是加盟门店，在互联网转型时代，都应该丢弃过去那些不好的习惯。要利用线下门店的资源抓取更多的用户，让品牌或连锁门店积累属于自己的用户，然后利用内容、营销活动等不断清洗用户，留下能在一定周期内进行多次消费的用户。

一般的线下门店通常采用的吸引用户的手法是：让用户扫描二维码关注企业的微信公众号获得优惠券，再通过让用户使用支付宝、微信支付直接转化成企业的微信服务号或公众号的用户。具体如何实现，需要开发团队来支撑。

利用包裹资源（此条适合有线上销售的品牌，以及实物类销售，也就是所谓的快消品）

包裹资源包括广告单页、画册及包裹上的二维码。很多企业都利用包裹做运营，但是广告单页不应该只是简单地罗列产品。要用好包裹资源，还需要企业及企业的新媒体运营人员多花点儿心思。

整合企业外部资源

整合外部资源可以分为三类方式，第一类是通过与不同行业进行跨行业合作，虽然行业不同，但用户会有交叉；第二类是通过与行业的关键意见领袖合作，让他们帮忙推荐企业的产品；第三类是与企业的产品有相同类型消费人群的企业合作，例如，美妆类的品牌，可以找一些鞋包、配饰等品牌一起策划活动或互换资源位置，以增加双方微信公众号的粉丝和销售业绩。

由此可见，行业内的达人，也就是意见领袖，在行业中比较有名的自媒体账号都是可以合作的。而内容传播渠道不仅有微博、微信，还有目前比较流行的各大直播平台。下面是部分行业新媒体账号的排行榜单，仅供企业参考。

排名	名称	排名	名称
1	男人装	11	每天教你弄头发
2	女人坊	12	HOT男人
3	芭莎娱乐	13	女神汇
4	玫琳凯BetterMe我更绽	14	全球时尚
5	每天学点穿衣打扮	15	FashionWeek
6	教你会穿衣打扮	16	Bomoda摩登系
7	gogoboi	17	红秀GRAZIA
8	时尚女装搭配	18	时尚COSMO
9	韩国me2day	19	世界时装之苑
10	海报网	20	化妆师MK-雷韵祺

美妆类新媒体账号的排名

排名	公众号	发布	总阅读数	最高阅读数	平均阅读数	总点赞数	WCI	等价活跃粉丝
01	丁香医生 DingXiangYiSheng	2/7	53万+	10万+	76499	8596	1372.3	100万+
02	新老人 xinlaoren	1/8	42万+	10万+	53001	11764	1341.66	100万+
03	健康头条 baojiandaifu	1/2	20万+	10万+	10万+	1973	1283.69	100万+
04	健康养身 jkys563	1/8	41万+	10万+	52134	3236	1271.44	100万+
05	脉脉养生 mmaijiu	1/6	34万+	10万+	58232	1014	1225.87	100万+
06	乐动力 LeDongLiV	1/4	25万+	10万+	62985	615	1197.65	100万+
07	名医养生 yy212200	1/6	19万+	85498	32929	2636	1178.62	96万+
08	中医养生堂 zyyst99	1/8	21万+	78112	27226	3416	1173.39	88万+
09	老中医 lzyvip2014	1/8	23万+	10万+	29186	1333	1150.95	94万+
10	丁香园 dingxiangwang	2/6	17万+	61012	29269	946	1109.26	61万+

（数据来源：清博指数）

健康类的新媒体账号排名

排名	公众号	发布	总阅读数	最高阅读数	平均阅读数	总点赞数	WCI	等价活跃粉丝
01	天天炫拍 TTXuanPai	1/8	80万+	10万+	10万+	29423	1482.18	100万+
02	点点星光 diandianxingguang888	1/8	80万+	10万+	10万+	21433	1467.14	100万+
03	缘分天空 yftk866	1/8	68万+	10万+	85218	11576	1410.68	100万+
04	夜听 yetingfm	1/1	10万+	10万+	10万+	39148	1389.07	100万+
05	感恩生活 ganenshh	1/8	53万+	10万+	66278	5862	1336.36	100万+
06	祝福视频 zf2569	1/1	10万+	10万+	10万+	6191	1303.49	100万+
07	学生时代 teenster	1/8	38万+	10万+	47875	3891	1272.62	100万+
08	大幸福人生 XFRS9090	1/6	35万+	10万+	58420	2852	1269.61	100万+
09	二更食堂 shenyeshitang521	1/5	33万+	10万+	66408	1992	1267.14	100万+
10	稻田报告 TRUTHREPORT	1/1	10万+	10万+	10万+	2347	1259.57	20万+

（数据来源：清博指数）

情感类的新媒体账号排名

排名	公众号	发布	总阅读数	最高阅读数	平均阅读数	总点赞数	WCI	等价活跃粉丝
01	科技美学 kejimx	1/1	10万+	10万+	10万+	4705	1290.99	100万+
02	果壳网 Guokr42	3/6	33万+	10万+	55262	4883	1289.79	98万+
03	科技微讯 kejiweixun	1/2	15万+	96998	75790	742	1199.49	100万+
04	PMCAFF pmcaffcom	1/1	10万+	10万+	10万+	566	1196.54	18万+
05	躺倒鸭 tangdaoya	1/4	17万+	10万+	44151	1424	1180.56	100万+
06	笔吧评测室 bibacps	1/4	13万+	67597	33937	1270	1126.19	75万+
07	互联网观察 wwwgx2016	1/3	13万+	80262	43678	559	1120.59	91万+
08	哎呦科技 guofen1225	1/5	14万+	64705	28128	606	1078.11	100万+
09	36氪 wow36kr	3/11	25万+	87849	.23176	331	1067.49	47万+
10	科技每日推送 apptoday	1/6	16万+	96446	27657	213	1051.62	100万+

（数据来源：清博指数）

科技类的新媒体账号排名

排名	公众号	发布	总阅读数	最高阅读数	平均阅读数	总点赞数	WCI	等价活跃粉丝
01	人民日报 rmrbwx	7/17	170万+	10万+	10万+	81233	1569.24	100万+
02	占豪 zhanhao668	1/8	80万+	10万+	10万+	89270	1540.11	100万+
03	冷兔 lengtoo	3/7	70万+	10万+	10万+	59400	1505.08	100万+
04	十点读书 duhaoshu	1/8	80万+	10万+	10万+	45186	1503.76	100万+
05	央视新闻 cctvnewscenter	5/13	123万+	10万+	94716	32616	1503.72	100万+
06	有书 youshucc	1/8	80万+	10万+	10万+	46382	1499.25	100万+
07	天天炫拍 TTXuanPai	1/8	80万+	10万+	10万+	29423	1482.18	100万+
08	点点星光 diandianxingguang888	1/8	80万+	10万+	10万+	21433	1467.14	100万+
09	美国内参 mgncwx	1/8	78万+	10万+	97554	20859	1462.2	100万+
10	冷笑话精选 lengiii	2/8	80万+	10万+	10万+	20105	1461.16	100万+

（数据来源：清博指数）

所有类别的新媒体账号排名

整合资源对企业新媒体运营或内容部门来说尤为重要，这不仅是其职责范围内的事情，而且是一件系统性的工作，需要新媒体运营人员与相关的市场拓展人员形成体系地执行。

2.3　冲击，如何利用现有的资源与合作方联合营销

在新媒体传播时代，很多企业都并非自我传播，而是跟其他企业的新媒体进行资源互换，但是这种看上去还挺不错的联合营销方式，需要企业新媒体运营人员掌握谈合作的技巧。这种谈合作的技巧不同于商务谈判，但又有一些相似之处。企业之间的联合营销，新媒体渠道占据了比较重要的部分，因为它可能是企业联合营销初步合作的开始，也可能是之后深度合作的重要传播渠道。

企业新媒体联合营销的谈判技巧

很多企业在寻找联合营销的相关企业时，大多都会看重利益，而忘记了营销的本质。在合作之前，双方都希望此次合作能满足各自最根本的诉求。所以在介绍谈判技巧前，我们得知道营销的本质，从而才能从战略层面执行相关战术。

营销战略与执行战术的区别

战略与战术的最大区别就是前者可以形成巨大的合力，后者可能只是炮弹、枪支、士兵等。在企业经营中，战略就是在同一时间、空间上，聚集企业研发、生产、物流、营销等部门的所有力量，完成销售目标。而战术则是在某个阶段，每个部门执行方案，最终由若干个战术完成最终的战略目标。

说到战略与战术时，很多人都会想到战争，在战争中有一个看上去高端、大气、上档次的定律——兰彻斯特定律。

兰彻斯特定律是由英国工程师 F·W·兰彻斯特提出的描述作战双方兵力变化关系的微分方程组，即描述敌对双方交战过程中兵力变化关系的微分方程组。该定律包括第一线性律、第二线性律与平方律，用以揭示在特定的初始兵力兵器条件下，敌对双方战斗结果变化的数量关系，主要用于作战指挥、军事训练、武器装备论证等方面的运筹分析（摘自百度百科。）

在制定营销战略的过程中，我们必须懂得兰彻斯特定律中的“平方原理”。当所有的资源集中在一个方向上时，其产生的效益是以平方的形式递增的。在现实中，我们会发现许多企业的营销战略是发散的，没有整合力。从产品、价格、渠道和促销手段上来看，它们没有内在联系，企业都想做好，但都没做好；从手段上看，公关、广告、促销、终端、渠道等人员都有自己的想法与思路，但各自的关联性不强；再从空间上看，各部门缺少联动性，各自为战、协同能力弱。

在电视剧《亮剑》中，李云龙曾说过："一个接一个地上去送死，这叫'添油战术'，为兵家大忌。"试想一下，一场战争，没有协作，没有配合，即便你有千军万马，也有可能战败沙场。营销也一样，如果仅仅停留在简单或分散的战术层面，不能形成战略合力，那么营销的结果自然不会好。

在介绍谈判技巧之前，为何要先介绍营销战略与战术呢？其实我是要告诉读者，在确定营销战略之后，再去谈联合营销的相关合作，才是一个靠谱的路径。

谈判：别只盯着自己那一亩三分地

很多人都只关心自己的工作业绩指标（也就是我们时常所说的 KPI），特别是在商务谈判时，只会考虑自己的利益进行谈判，这是有问题的！联合营销的本质是什么？联合营销就是要达到 1+1>2 的效果，下面是在进行联合营销时需要注意的事项。

1. 多套方案，吸引对方加入。

很多人在联合营销前期的商务谈判中，都会拿出对自己更有利的方案。其实大家最初拿出的方案都会对自己有利，很少有人会从一开始就将对方的需求考虑到此次合作中，到最后往往也会得到一个妥协的方案。但是这也是很多联合营销在最后都无疾而终的原因。因为妥协，双方失去了当初想要达到的利益与目的，所以结果往往会变得糟糕。

在联合营销的商务谈判中，维护自己利益的做法没有错。但是双方在"拉锯战"中常常容易忘记了自己最初的意愿或被对方带入误区，此时最好的办法就是多准备几套谈判方案。先拿出对自己最有利的方案，若这套方案不行就拿出次要方案，若次要方案还没有达成协议就拿出下一个备用方案。但是在谈判过程中，我们一定要清楚自己最初的意愿底线在哪里，而不是一味地满足对方、委曲求全，这样就不会出现在谈判结束后才发现自己的让步已经超过了预期承受范围的情况。在联合营销中，这种委曲求全的合作形式都属于失败的案例。

2. 不仅谈判要融洽，还要快、准、狠地抓住对方的"要害"（需求）。

在谈判之初，建立融洽的谈判氛围尤为重要，这无关恭维，无关利益，而是双方对某件事情或行业观点的认同。能找到志同道合的人进行合作是尤为重要的，话不投机的人必定不会走到一起，包括在营销上的观点和看法，也是合作能否成功的关键点。所以在合作前，需要事先了解谈判对象的相关信息，比如对方的为人、思想等。

在谈判前最好先找到双方观点一致的地方并表述出来，这一方面会给对方留下彼此更像是合作伙伴的印象；另外一方面需要快、准、狠地抓住对方的需求，然后制定相应的对策，在融洽的氛围中与对方达成共识，一起完成此次合作。

3. 拿出共赢的方案才是硬道理。

在商业活动中我们面对的谈判对象多种多样，因此我们不能用同一种态度对待所有的谈判对象，但我们可以拿出共赢的方案来给彼此更多的想象空间，还需要根据对方的需求结合自己的利益制定一个共赢的方案。

很多企业对联合营销并不陌生，但往往都没有太多的成功案例，而且很多企业在找联合营销的合作伙伴时，都希望能找到门当户对的企业一起合作。

正所谓，知己知彼，百战不殆，在商务谈判中这一点尤为重要。了解对手越多，越能掌握合作的主动权，也越能拿出让双方共赢的方案。

4. 要学会做一枚柔软的钉子。

在谈合作的时候，我们都要学会做一枚柔软的钉子。为什么是柔软的钉子，而不是软柿子呢？联合营销之所以能达成，源于谈判，而谈判的本质是什么？是一种博弈。双方怀揣着各自的目的坐到谈判桌前，此时，如果一方的语言过于直率或强势，则很容易引起对方本能的对抗或反感。因此，在双方遇到分歧时，要面带笑容，语言委婉地与对手谈判，这样对方就不会产生本能的反感，接下来的谈判就不容易陷入僵局。

在商务谈判中，并非张牙舞爪、气势夺人就能占据主动地位，反倒是情绪不被对方引导、心思不被对方洞悉的方式更能克制对手。柔者长存，刚者易损，要想成为商务谈判的高手，就要学会做一枚柔软的钉子。

5. 留给彼此更多的利益（曝光等传播资源）空间。

很多时候，企业没有谈成联合营销合作的原因可以归结为一个字——“作”。很多企业在联合营销合作谈判中，往往没有给对方留有更多的想象空间，从而导致合作夭折。很多市场拓展人员不知道哪里来的自信，他们的企业不是世界500强，也不是知名企业，但是经常目中无人，还对别人的方案品头论足。

合作是基于双方的信任，以及对某件事有一致的看法。给对方更多的利益空间，对之后的合作是有帮助的，本次合作损失的利益可以在之后的合作中补回来。首次合作对双方来说都是一个建立信任的过程。

在联合营销面前，商务谈判并非是斗得你死我活，而是在某种程度上实现互惠双赢，从而达成企业之间的共赢，这才是联合营销谈判的价值所在。

企业新媒体合作也许只是业务合作的“敲门砖”

“这种资源互换的合作，我们暂时还不考虑，谢谢。”

“简单的新媒体运营合作我们暂时不考虑，还是希望能与贵公司在业务上达成战略合作。”

“这类项目太小，我们不愿意在这类小项目中投入相关的人力资源，毕竟小的合作产生的价值也不多。”

很多时候，企业的市场拓展人员或市场人员，都带着好高骛远的目标与自己的合作伙伴谈判，他们希望能一举拿下一个大的合作项目，好在公司内扬名立万。但是，很多时候有可能需要很多小项目合作累积下来的信任与默契，才能拿下一个大项目合作。

别指望一口就能吃下一个大项目

很多人都瞧不上企业之间的内容合作，包括“双微”（微博、微信）合作，原因有以下三点。

第一点，此类内容合作产生的经济价值不高。也就是说“双微”的合作或内容的合作，能给双方企业带来的品牌效益及实际的经济价值不高。

第二点，与市场拓展人员的业绩考核指标不相符。有一些市场人员认为多一事不如少一事，本着明哲保身的心态来做事。或许这是很多市场拓展人员的心态，对于不能带来业绩的事情能不做就不做。

第三点，怕麻烦。一是怕麻烦自己公司的相关人员，二是怕对接往来带来的麻烦，三是怕没有效果之后的进一步合作更难交涉。

从小案例到大营销

在前文中提到过，很多市场人员都不太愿意从事企业新媒体、官网等相关资源互换的合作。一方面是因为时间不长，预测效果一般，往往无法带来很大的价值，另一方面是因为执行相关工作的对接人，需要反复确认海报、文字链接等相关信息，投入与产出不成正比。也就是说，很多市场人员认为基础的资源置换及简单的新媒体合作效果一般，而且耗精力，属于吃力不讨好的一件事情。

不知道读者是否还记得在 2013 年“双十一”期间，三大互联网女装品牌举行的联合营销——“光复单身”活动。这三大互联网女装品牌：裂帛、阿卡、茵曼的创始人几乎都是淘宝早期的大卖家，他们私下都还算比较熟悉，经常通过日常拜访相互学习，在经过深入了解后，2013 年才有了“光复单身”的联合营销。

这三家企业从走访开始，慢慢了解彼此、熟悉彼此的风格。2013 年 9 月，他们找了蓝色光标广告公司进行策划，才有了“光复单身”活动的雏形。他们从 9 月开始进行创意、脚本的讨论及创作。10 月上旬去云南进行拍摄，10 月底敲定包日广告投放的时间。11 月初（在广告上线的前几日），通过“大 V”进行爆料，隔天广告片在视频网站上开始传播，紧接着“光复单身”的话题在微博、微信朋友圈进行传播，话题讨论登上微博热搜榜。11 月 7 日，三大互联网女装品牌的广告片正式登陆东方卫视的全日广告时段。更引发了各家媒体对此次事件的关注。在“双十一”当天，茵曼、阿卡、裂帛分别取得天猫销售额冠军、亚军及第四名的好成绩。

如果三大互联网女装品牌在之前没有小的合作案例及互相走访的基础，那么 2013 年的联合营销是不可能一蹴而就的。有时候小案例会造就一个大营销事件，从而达到 1+1>2 的效果！

第 3 章

企业新媒体运营走过的“坑”，你必知一二

很多企业新媒体运营人员及企业管理者在做新媒体矩阵及新媒体建设时，往往都会走一些弯路。那么，他们踩过的“坑”，我们是否能避开呢？接下来说说企业新媒体所走过的“坑”，以及如何避开这些“坑”。

想做好企业新媒体运营，下面这些“坑”，你必须知道。

3.1 第一个“坑”：随意找几个新手来做新媒体运营，甚至让他们做项目负责人

这个“坑”是很多企业管理者都会犯的错。很多人只会拿少数人成功的案例来举例，例如，滴滴杭州微信公众号就是一个由正式员工带着七八个实习生运营的，而且他们把新媒体做得有声有色。

企业管理者在一开始时，往往会将微博、微信等新媒体渠道交给一个刚毕业的大学生来做。给他们做不是没有好处，但基本上弊大于利，有时候情况往往会更糟糕。

下面分析一下刚毕业的大学生运营新媒体的利与弊。

利：首先，大学生做新媒体运营最大的好处是，他们就像一张白纸，好教；其次，学生年轻，思维不像成熟的职场人员一样固化，会有新鲜的想法，尽管他们的想法相对稚嫩。

弊：说完好处，下面就来说说坏处吧。首先，在目前高校的专业体系中，专门针对新媒体运营的对口专业很少，所以一毕业就能做新媒体

运营的人少之又少。其次，应届毕业生没有职场经历，思维方式相对单一，不能形成体系化的思考方式。虽然他们有可能在某些时候会带来惊喜，但大多数时候他们的想法往往会带来惊吓。再次，有人说刚毕业的大学生是初生牛犊不怕虎，但是在我看来那是莽撞，当然，如果有靠谱的毕业生，企业也需要花费比较多的人力、物力进行培养，但最后的结果很可能是人财两空。最后，刚毕业的大学生责任心不强，所以，一个项目交给这样的人来做，不太容易能做好。

下面来看看滴滴杭州微信公众号的做法。滴滴杭州微信公众号招了一位有经验的新媒体从业者，这个人很有特点，也跟朋友做过很多微信公众号，很有经验，由他带着七八个实习生运营使滴滴杭州微信公众号具有了“火”的潜质。所以，我想要说的是，应届毕业生可以用，但他们做不了新媒体运营项目的负责人。

一个成熟的人，带着一群有活力、有想法的年轻人运营新媒体，或许是一个不错的选择。

下面是给新媒体运营新手（应届毕业生）几个感性建议和理性建议。

1. 感性建议。

（1）我经常会跟自己团队的成员说：“多出去看看，世界很大!”这句话并非是为了让大家游山玩水，而是让大家丰富自身的阅历，尽可能多地去外面看看，丰富自身的阅读量。很多人狭隘地认为阅读就是看书，

但我认为，阅读不只是看书，还包括你在生活、工作、旅游中的思考、接触的新鲜事物，一方面与新事物相关，另一方面与接触的人相关，丰富的阅读量能帮助你拓宽知识面。新媒体运营不仅仅是“刷”微博、发文章及写段子，很多时候也要对行业、人性有自己独特的认知与见解。一句话，多出去看看，不是坏事。

（2）做新媒体运营最好能跟你的兴趣爱好相关。事业能否与兴趣爱好联系在一起？对新媒体运营人员来说，兴趣爱好能成为自己的事业也是一件很有成就感的事情。比如，你喜欢听音乐、看电影，那么你可以将自己的爱好与自己的事业相结合，例如找一些文娱类的企业做新媒体运营相关的工作。有时候，热爱对工作的帮助很大，很多时候新媒体就是在做传播，而在传播的过程中，创意是一个很关键的因素。

2. 理性意见。

（1）**不要只学新媒体运营方面的技能，凡是跟广告、公共关系、策划等方面相关的技能都要学。**一方面要拓宽自己的就业道路，另一方面要了解团队中的各个岗位职能，这对提高自己的团队协作能力是有帮助的。要多学习一些技能，万一不合适新媒体运营，也能在另外的领域中找到了自我。

（2）**得有正确的互联网营销思维，新媒体对很多企业来说就是营销渠道或营销工具。**对很多企业来说，运营新媒体的目的是给企业带来转化，这有可能是内容转化、产品购买的转化，或是分享转化。很多刚毕业的大学生往往只停留在访问流量的转化上，所以我们经常看到企业的新媒体采用抽奖、发红包之类的方式来吸引流量，这些不走心的方式，只会花钱不讨好。用这样方式吸引而来的流量，绝大多数不是有效流量，不会促成下一步的转化，转化率相对较低。

新媒体运营人员在获取流量时，一定要得到有效的流量，这样转化率才会越来越高。要获得有效的流量，以下几个环节缺一不可：用户调查、内容制作、投放渠道、数据反馈和调整优化。新媒体运营人员得学会用互联网的营销思维获取更多有效的流量，这才是企业老板喜闻乐见的。新媒体运营人员获取流量后一般期望达到的目标有如下几种（见下图）。

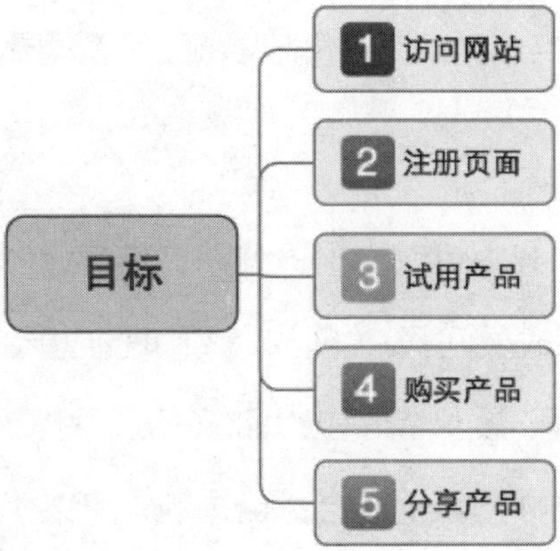

（3）**具备在不同渠道写不同文案的技能。**其实很多新媒体运营人员在刚接触新媒体时往往不知道，文案的好坏不仅在于内容是否写得精彩，还在于文案的字数及展示渠道。举一个简单的例子，用户看一页微博的平均时间约为 10 秒，一页微博有 3 条信息，那么平均每条微博只有 3.3 秒的机会被用户看到。正常人的阅读速度为 5 个字/秒，那么我们只能在 3.3 秒内，最大程度地吸引用户的注意力，而对于微博文案，不要妄图用 10~15 个字将事情说清楚，就只能利用这 15 个字尽可能多地吸引用户。

（4）**多准备一些材料，以备不时之需**。很多时候，新媒体运营会“蹭”社会热点，而社会热点往往有几部分内容：一是与名人相关；二是社会现象引发的民众讨论；三是政策风向引起的民众探讨；四是灾难引起的民众关注。曾经，我带领 17 互助新媒体团队用了两晚的时间，与团队想了 200 多个选题。这些选题无关于现在是否可用，而是为了在以后，我们能在热点面前有自己的观点、有足够的素材。2017 年微信公众号出台了很多规则，例如，自媒体账号不能发布关于新闻热点的内容（此条会在 3.3 节中详细解读）。

从下图所示的内容中可以看出，我们是从行业领域的维度思考选题的。曾经有一个团队成员问我：“创叔，我们现在想这么多的选题是为什么？而且有时候想得心累！”前期想如此多的选题作为备选材料，目的有三个。首先，通过这样密集地开会讨论选题，可以了解了每个人的知识储备程度，比如，谁爱看八卦消息，谁更喜欢文人墨客，基本上能对团队成员进行初步的判定。在需要写有知识储备的文章时，肯定可以手到擒来；其次，可以从侧面了解大家对事物的认知与看法，是否有新观点；最后，也是最重要的一点，就是在真正的热点来临时，我们可以翻看选题库，看能否“绑”上热点。例如，当某个明星在某天突然被曝出大新闻时，我们可以在选题库中寻找，并在第一时间找出适合此事件的热点内容，这样效果肯定不错。

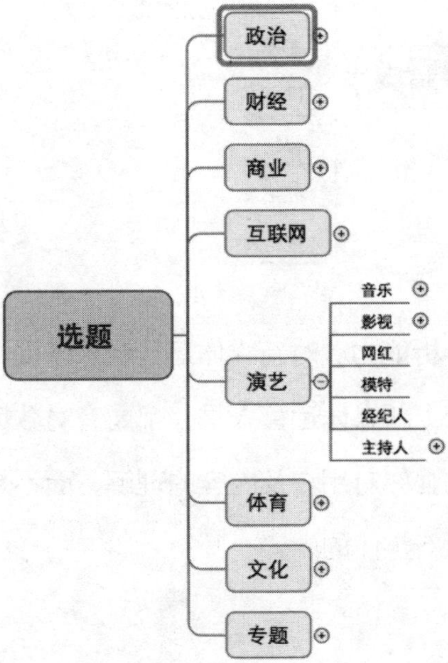

娱乐圈涉及许多行业，例如，音乐、影视和模特等，如下图所示。再进行细分，跟音乐相关的职业有作词家、作曲家、歌手、制作人和组合乐队等。在这些职业中可以找出相对有名的人，分析他们的经历。从宗教到情感，从绯闻到竞争对手，从婚姻观到教育观，这些都是素材。待到相关热点来临时，我们就可以从容地发布热点内容。

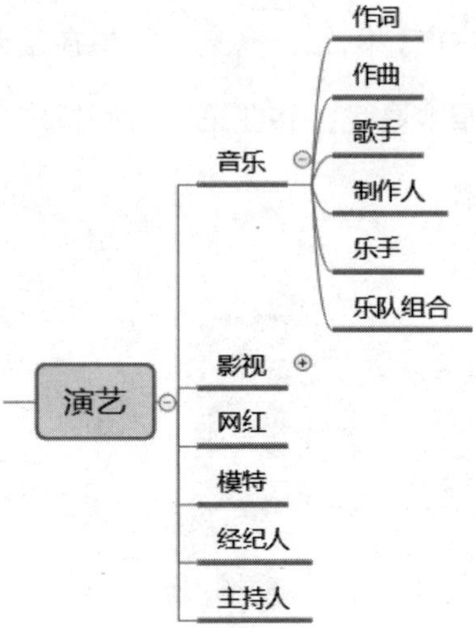

（5）锻炼数据分析能力。对新媒体运营新人来说，做数据分析有可能太专业，但任何一个新媒体运营人员，都要有对数据的敏感度和分析能力。这样有助于加强你对用户及内容的理解，而不是夸夸其谈、纸上谈兵，有理有据来做新媒体的内容。

3.2　第二个“坑”：企业新媒体运营走进“这是一个形象工程”的误区

先从一个故事说起。在我做《电商·卖家》杂志记者时，常年混迹在各种商家或创业人士中。一次因为某个专题，我采访了几个传统品牌的老板，那是在 2014 年年底，微博、微信等新媒体渠道已经过了流量红利期。我清晰地记得，在说到新媒体时，一位传统品牌老板的一句话深深地印在了我的脑海中。他说：“小余，我们的微博、微信公众号粉丝的活跃度不高，但是有总比没有好吧，虽然投入钱财买来了一堆无效的粉丝。”

而另外一位老板的话深得我心，他说：“我还是看好新媒体的，只是企业需要考虑如何做好它。不同于完全做内容的平台，企业新媒体嫁接了更多商业的成分，毕竟我们不是媒体也不是公益组织，我们是商业机构。如何运用好新媒体，绝对不是‘其他企业有，我们就得有’的说法就能一言蔽之的。”

企业做新媒体运营，既不能像传统媒体那样做精品内容，也不能像

自媒体那样全凭创作。传统媒体已有成熟的内容制造流程，而对企业来说，一方面它们是商业机构，另一方面其传播内容包含社会责任，包括传播正确的舆论导向等。

如果一家企业真的把新媒体运营当成企业的“形象工程”，那么效果可想而知，更别提传播用户了，只能算是自娱自乐。如果企业新媒体运营成为企业的“形象工程”，那么它势必会离用户更远，粉丝数、活跃度等相关数据的转化也基本不用考虑。一旦新媒体成为企业的“形象工程”，其内容无非就是老板自传、老板讲话、领导参观企业等毫无吸引力的内容，用户会关注这样的新媒体账号吗？企业想要做新媒体，就要老老实实地做，千万不要走进“这是一个形象工程”的误区。

3.3　第三个“坑”：自己埋头苦干，不了解政策法规

（规则内容来源及解读参考“地心引力”）

2017 年 5 月，中国网信网发布了《互联网新闻信息服务管理规定》，该规定自 2017 年 6 月 1 日施行。

“微信公众号未经允许禁止发布新闻”“非公有资本不得参与新闻采编”等信息，简直让新媒体运营行业都急疯了，也让踏踏实实做企业新媒体运营的人，苦恼了好一阵子。很多从业人员都不约而同地提出了相同的问题：这个政策对我们有什么影响？我们要全面解读政策法规，不能误入雷区！

第一大雷区：能看热点，但追热点得小心

内容：《互联网新闻信息服务管理规定》第一章　第二条

在中华人民共和国境内提供互联网新闻信息服务，适用本规定。

本规定所称新闻信息，包括有关政治、经济、军事、外交等社会公共事务的报道、评论，以及有关社会突发事件的报道、评论。

解读：规定中所提到的“新闻信息”，并不是指在互联网上传播的一切消息，而是有关政治、经济、军事、外交等社会公共事务的报道。此类新闻基本上都出自权威媒体的报道，此外，对于自然灾害、传染病疫情、恐怖袭击等社会突发事件，不能随意报道、评论。

内容：《互联网新闻信息服务管理规定》第三章 第十四条

互联网新闻信息服务提供者提供互联网新闻信息传播平台服务，应当与在其平台上注册的用户签订协议，明确双方权利义务。

对用户开设公众账号的，互联网新闻信息服务提供者应当审核其账号信息、服务资质、服务范围等信息，并向所在地省、自治区、直辖市互联网信息办公室分类备案。

解读：此条规定适用于所有的新媒体平台，其中包括今日头条、UC号、微信公众号等。这也意味着所有平台都需要到互联网信息办公室备案并接受监控，企业管理者只能接受组织的监管。

内容：《互联网新闻信息服务管理规定》第三章 第十六条

互联网新闻信息服务提供者和用户不得制作、复制、发布、传播法律、行政法规禁止的信息内容。

互联网新闻信息服务提供者提供服务过程中发现含有违反本规定第三条或前款规定内容的，应当依法立即停止传输该信息、采取消除等处置措施，保存有关记录，并向有关主管部门报告。

解读：不要认为这条新闻信息是别人发布的，你只是转载或引用，就不需要承担责任。复制、传播禁止传播的内容，同样需要受到惩罚。所以，各位新媒体运营人员要注意，千万不要转载或引用规定内禁止传播的内容，雷区的内容还是少踩为妙。

第二大雷区：“人人都是传播者”的局面将消失，新闻采编将更为严格

内容：《互联网新闻信息服务管理规定》第二章 第八条

互联网新闻信息服务提供者的采编业务和经营业务应当分开，非公有资本不得介入互联网新闻信息采编业务。

解读：以往的传统媒体采编、新闻传播、信息传播往往都是被证实的，或者是记者经过多方采访之后得出的结果。新媒体的问世加快了信息的传播速度，但是信息的真实性和可靠性普遍降低。此条规定通过控制传播路径以确保新闻的真实性，避免假消息被传播。

第三大雷区：有些话说不得，也传播不得

内容：《互联网新闻信息服务管理规定》第三章 第十三条

互联网新闻信息服务提供者为用户提供互联网新闻信息传播平台服务，应当按照《中华人民共和国网络安全法》的规定，要求用户提供真实身份信息。用户不提供真实身份信息的，互联网新闻信息服务提供者不得为其提供相关服务。

互联网新闻信息服务提供者对用户身份信息和日志信息负有保密的义务，不得泄露、篡改、毁损，不得出售或非法向他人提供。

互联网新闻信息服务提供者及其从业人员不得通过采编、发布、转载、删除新闻信息，干预新闻信息呈现或搜索结果等手段谋取不正当利益。

解读：成年人要为自己说过的话、做过的事情负责。在网络论坛火爆时，网友留言都不用负责任，因为那时的用户并非实名认证，好多“水军”“马甲”在传播流言。如今，信息传播的载体绝大多数都设有留言功能，因此，不光信息提供者要实名认证，接收信息服务的用户（所谓的受众，俗称观众或读者），也需要实名认证。所以大家不能像以往一样，可以在网上随便发言，不用负责。

第四大雷区：抄抄抄，会抄出问题的

内容：《互联网新闻信息服务管理规定》第三章 第十五条

互联网新闻信息服务提供者转载新闻信息，应当转载中央新闻单位或省、自治区、直辖市直属新闻单位等国家规定范围内的单位发布的新闻信息，注明新闻信息来源、原作者、原标题、编辑真实姓名等，不得歪曲、篡改标题原意和新闻信息内容，并保证新闻信息来源可追溯。

互联网新闻信息服务提供者转载新闻信息，应当遵守著作权相关法律法规的规定，保护著作权人的合法权益。

解读：著作权在互联网中一直不被重视。有句老话叫“天下文章一大抄”。在现实生活中，大家对著作权并不重视，在互联网上，大家更加不会重视著作权问题。很多人为了博取眼球，在转载新闻时争相做“标题党”，更有篡改新闻内容等情况，经过口口相传，最后变成虚假信息的传播，传播源头也未必能找到。而现在，微信公众号想要转载新闻，必须提前验证新闻的真实性并注明来源。此条规定一方面保证了新闻作者的著作权，另一方面也可以减少新闻在传播过程中被扭曲的可能。

第五大雷区：别抱有侥幸心理，监督举报机制有更新

内容：《互联网新闻信息服务管理规定》第三章 第十八条

互联网新闻信息服务提供者应当在明显位置明示互联网新闻信息服务许可证编号。

互联网新闻信息服务提供者应当自觉接受社会监督，建立社会投诉举报渠道，设置便捷的投诉举报入口，及时处理公众投诉举报。

解读：说到便捷的投诉举报入口，我第一个就想到了微信，其实微信的举报机制一直都做得不错。不管是好友、公众号文章还是群聊，都设置了相应的投诉功能，如下图所示。

这个规则主要针对的是互联网新闻服务，下面就来看看互联网新闻服务的举报机制做得如何。我查看了腾讯、搜狐、新浪、网易这四大门户网站，试图在它们的新闻页面上寻找举报或投诉入口，没想到在这四大门户网站中，只有网易新闻设有明显的举报功能。

健全举报机制，一方面可以维护网民的利益，保证网络环境的干净和安全；另一方面也加强对广大新闻发布者的监督，让他们不再抱有侥幸心理。

内容：《互联网新闻信息服务管理规定》第四章 第二十一条

国家和地方互联网信息办公室应当建立互联网新闻信息服务网络信用档案，建立失信黑名单制度和约谈制度。

国家互联网信息办公室会同国务院电信、公安、新闻出版广电等部门建立信息共享机制，加强工作沟通和协作配合，依法开展联合执法等专项监督检查活动。

解读：在现实生活中，每个人都有陪伴自己终身的个人档案，从出生到上学，再到工作，你的成就、过错都会被记录在案。如今，国家和地方互联网信息办公室也开始建立网络信用档案来记录网民的信用。在我看来，档案不仅会记录个人信用，以后也将会记录企业信用。

内容：《互联网新闻信息服务管理规定》第五章 第二十四条

互联网新闻信息服务提供者违反本规定第七条第二款、第八条、第十一条、第十二条、第十三条第三款、第十四条、第十五条第一款、第十七条、第十八条规定的，由国家和地方互联网信息办公室依据职责给予警告，责令限期改正；情节严重或拒不改正的，暂停新闻信息更新，处五千元以上三万元以下罚款；构成犯罪的，依法追究刑事责任。

解读：第二十四条规定是对违反条款者的处罚。除责令改正外，罚款有三万元的上限。现在不管是微信公众平台、今日头条，还是各大其他平台，各种侵权、抄袭、虚假的信息泛滥。而五千元到三万元的罚款金额还是太低了，这对于通过大流量获利的企业并不能起到束缚作用。倘若发布的内容涉及抄袭、虚假、色情、暴力等信息，获得的收益远远高于处罚成本，违规的人还是会继续违规。但不管怎么说，新规的发布，意味着真正意义上的依法治网时代已经到了。

新规定的发布，让我想到了一篇文章：《当每个自媒体都想从帽子里变出兔子，已经没有记者在赶往新闻现场的路上了》。其中作者用“自媒体太多，记者太少，事实不够用了”表达了对大量自媒体不经论证就随意发布信息的担忧。在新媒体不断壮大发展的过程中，拿血腥的事件开玩笑、拿片面的言辞当真理的现状确实存在。回顾欧美新闻媒体发展的历史，《太阳报》《纽约时报》等国际媒体，在创刊初期，很多也是拿低级趣味的内容来吸引受众，之后它们慢慢地通过一篇篇新闻事件报道、突发事件报道成为国际大报。其实任何一个事物在发展初期，用一些出奇、戏谑的方式去吸引用户都是能被理解的，但我们不能因此而放纵。希望新规的发布与实施，能够走更多的不正之风，希望所有新媒体从业者能担得起“媒体人”这三个字。

3.4　第四个“坑”：不懂用户、产品及传播的新媒体运营

我在做记者时，时常会采访一些创业者，经常会听到一些创业者或企业管理者在“吐槽”，他们“吐槽”的内容往往让我哭笑不得。有人遇到过这样的一位新媒体运营负责人，此人一到公司没多久，就开始写新媒体运营规划。听到这里，我内心有无数个疑问：新来公司的人，对公司业务、产品都不熟悉就制定规划，是否有点儿用力过猛？他们甚至连自己的用户是谁都还没有摸清，哪里来的勇气做规划？在我看来，不懂用户、产品及传播的新媒体运营都是“耍流氓”。

产品？先玩几天

经常有人将一句话挂在嘴边：“一切脱离产品的运营都等于零”。何出此言？很多管理者包括新媒体从业人员都认为，新媒体运营就是写文案、发文案，说得低俗一点就是写“段子”。但是一个借助“段子”“吸粉”的微信公众号（新媒体）对企业来说，一点好处也没有，这些粉丝是因为“段子”而关注你，并非因为产品或业务而关注你，“段子”写得

再好，产品不为人所知对企业没有一点帮助。

为了让新媒体运营人员快速理解产品，我有一个非常接地气的建议：先玩几天产品。这样做有几点好处：首先让新媒体运营人员站在用户的角度，熟悉产品的每一个功能及使用场景；其次，了解产品吸引用户的亮点在哪里，是功能、设计还是其他地方，这样有利于新媒体运营人员后续在新媒体传播渠道中包装产品；最后，新媒体运营人员站在用户的角度思考问题，能快速对产品功能及使用场景有自我的理解，即提出优化意见，也能迅速理解用户使用产品的心理状态。

不要臆想用户需要的内容，要懂他们

大多数新媒体运营人员都在臆想用户想要什么、喜欢什么，然后发一些无病呻吟的“鸡汤”文章。还有一些靠谱的企业新媒体运营人员会从网上找一些“80后”“90后”群体特征的数据报告，但这些数据都是有侧重点的，有的偏向于网游，有的偏向于电商，那么去哪里寻找真正属于企业的用户画像数据呢？

新媒体运营人员需要通过企业的微博、微信公众号、今日头条等不同自媒体中的内容进行相应的用户画像，另外，还要基于公司整体业务的用户画像进行交叉分析。为什么要做用户分析？因为新媒体运营人员需要了解用户的需求、用户对信息的要求、用户的爱好，并在新媒体中进行反复验证。如果你试图仅通过几份网上流传的数据报告来了解你的用户，那么我只能请你停止想象，因为这并不靠谱。

传播是新媒体运营的基石

要想有效地将自己的内容、产品在互联网上进行传播，并且让粉丝愿意主动扩散，就得在传播方式上花点儿心思。传播的方式多种多样，但传播的核心逻辑不变。如何找到有效的引爆点、传播节奏及传播形式，这才是需要我们需要思考和学习的地方！

我想跟企业的老板们说，切记不要掉进以上四个“坑”中。做新媒体运营要知道相关的政策规则，不要让新媒体成了企业的“形象工程”，而要成为重要的商业战略布局。对企业来说，新媒体在市场工作（品牌与公关）中发挥的作用会让企业一劳永逸，做好新媒体运营对企业开发市场有重要的意义。

第 4 章

企业新媒体运营经典案例

很多企业都认为做 SEO（搜索引擎优化）可以直接测算出吸引一个流量所需要花费的费用和带来的收益，也就是 ROI（投资回报率）。做传统媒体的广告推广，可以产生强烈的品牌效应，但是在新媒体推广中见效并不快。其实在很多经典的营销案例中，新媒体在传播过程中都有着举足轻重的地位，其既有可能是话题炒作的承载体，亦有可能是话题的引爆点。但是，还是有很多企业老板忽视了新媒体在营销中的地位或太在乎以往的营销模式。下面来看看一些经典的案例是怎么让新媒体在营销中占有举足轻重的地位的。

4.1 经典联合营销案例

“双十一”活动经典案例：光复单身

作者/金烨　整编/创叔

不知道读者是否还记得2013年的“双十一”活动，有3家互联网女装品牌强强联手包下东方卫视的全日广告，由此广大观众通过传统媒体和新媒体知道了“光复单身”这个活动，并参与了此次活动。这3大互联网品牌如何在“双十一”活动期间完成此次的联合营销？下面就具体分析一下这次的营销活动是如何策划的。

案例背景

在2013年的天猫“双十一”活动中，分别获得天猫女装类目销量第一、第三、第四的3个淘品牌联手策划的“光复单身”系列传播活动，成为2013 年“双十一”活动期间最引人注目的营销事件。

女装类目是天猫的第一大类目，但因为商品同质化现象严重，由此造成女装店铺在淘宝中的流量转化率很低，在直通车推广中的投入产出比（即 ROI）过高；再加上传统线下品牌强势入驻天猫，如 ONLY、欧时力等，加剧了女装类目的竞争。在 2013 年“双十一”活动开始前，茵曼、阿卡、裂帛这 3 大互联网女装品牌的佼佼者，面对着来自电商品牌和传统品牌的挑战。

营销策略

内容策略：这 3 大互联网女装品牌洞察消费者心理，发现用户共同的情感需求，外加遇上 11 月 11 日“光棍节”，提出动人心弦且具备社交属性的主题诉求，从而策划并设计了充满创意的传播内容和互动机制。

媒介策略：它们通过传统媒体与新媒体的交叉传播模式，制造社会性话题，并在短时间内引爆话题，从而实现在有限的资源下将影响力最大化。它们利用传统媒介的影响力，提高互联网品牌在受众中的知名度和影响力，吸引更多新用户前来购买。

这 3 大互联网女装品牌的推广方法是创造一个“光复单身”话题，通过在电视上投放广告吸引全社会的关注，在社交媒体上引发病毒式传播，再将流量引到活动网站中，让用户与产品及店铺直接互动，最终转化成销量，如下图所示。

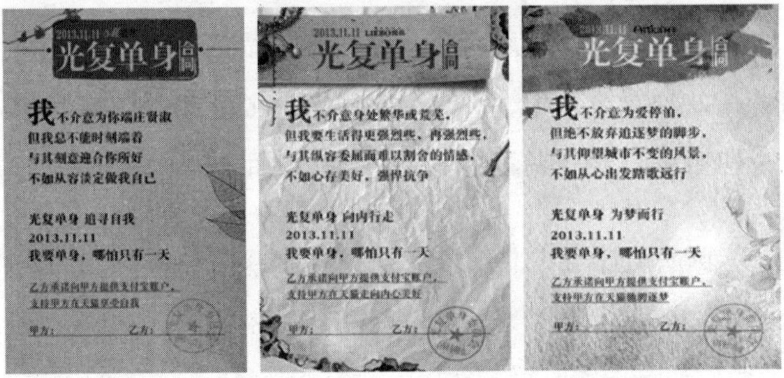

分解推广活动的过程

（1）在“双十一”活动开始前 5 天，这 3 大互联网女装品牌通过名人（以前所谓的达人，现在俗称“网红”）开始对活动进行“泄密式”预热。其中阶段一是在 4 大省级卫视投放包日广告，引发网友对广告主及投放目的的猜测。阶段二是爆料相关的商业广告内容，引发网友好奇。

（2）在“双十一”活动开始的前 4 天，也就是 11 月 7 日，它们投放东方卫视包日广告，讲述 3 位有着不同生活态度的女性的“光复单身云南之旅”，传播品牌理念，引发女性用户产生强烈的共鸣，引爆话题。

（3）与此同时，它们雇请微博达人讨论，并在转发活动、视频网站同步播放电视商业广告内容，以及投放移动端广告，使“光复单身”活动全天占据新浪微博热门话题榜首，引发热议；后续传播持续发酵，从而吸引众多围观人群，其中也包含了其他达人及传统媒体对此事件的浓厚兴趣。

（4）将线上流量落地到活动网站中。此次活动通过签订“光复单身”协议与消费者进行互动，通过发放“双十一”优惠券等方式，引导新用户收藏、关注 3 大品牌的天猫店铺，引爆 3 大品牌在“双十一”当日的销量。

从预热到引爆销量，整个营销过程不过 5 天，效果却是惊人的。在活动期间，3 大品牌的曝光量达到 3.15 亿次；视频广告的网络点击播放量达 350 万次，其中消费者主动搜索“光复单身”视频的播放量达 120 万次；3 大品牌官方微博粉丝增长近 9000 人；“光复单身”的微博话题讨论量达 26.8 万次。值得关注的是，微博话题中 72%是用户自发讨论的内容，有超过 550 位“蓝 V”及“黄 V”用户主动参与讨论。如下图所示，更有新华网、《新闻晨报》等海内外媒体主动报道。

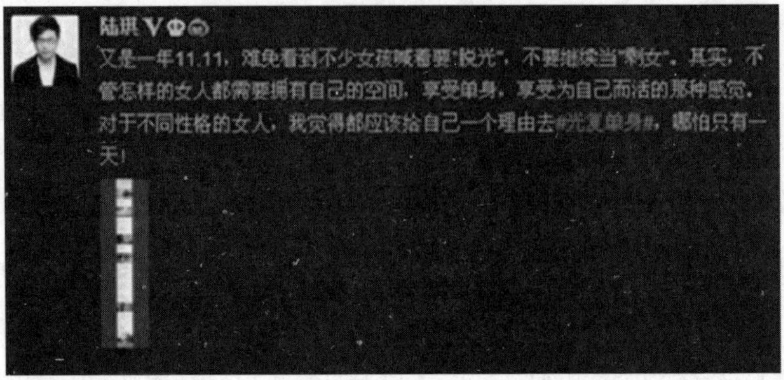

“光复单身”这个看似表达不够直白、内涵也不算深刻的话题，为什么能吸引几百万人点击、几十万人阅读、几百位“大 V”用户讨论及众多传统媒体主动报道呢？

下面分析其中几个关键因素。

（1）在 11 月 11 日“光棍节”期间，人人都希望“脱单”，而茵曼、阿卡和裂帛这 3 大互联网女装品牌却喊起了“光复单身”的口号，反潮流、反常规，但充满正能量。它们的广告拍摄地又在文艺青年的朝圣地云南，充满了浓浓的文艺感，与这 3 个品牌的理念、定位及目标消费群体相符。

（2）此次活动的传播方式也成了一个话题，深化了主题内涵。并且，此次活动在东方卫视投放包日广告，开创了互联网女装品牌投放电视广告的先河，将“互联网女装品牌抱团投放传统大品牌才有资本投放的电视广告，是否预示互联网品牌也开始冲击线下市场”这个话题，升华成行业事件。再加上传媒老王、广告门、龚文祥、麦迪逊邦等意见领袖的点评，进一步引起了消费者和新闻媒体的关注。

（3）3 大品牌将“光复单身”活动投放在社交性强且开放度高的新浪微博，吸引了女性情感类“大 V”用户的关注及讨论，陆琪、苏岑等名人的关注进一步引发了此活动的病毒式传播。

（4）此次活动还利用微博热度，并配合投放 PC 端、移动端女性论坛和社交网站定向广告，将目标用户吸引到活动网站，由名人带头签约“光复单身”协议，以及抽奖派发优惠券，将线上互动和销售结合，把话题的热度转化成销量。

“光复单身”活动创造了一个多维度的话题，既满足了消费者的基本情感诉求，又引发了专业领域的探讨。此次活动利用新媒体平台、名人、“大 V”带动普通用户产生病毒式传播，最终带动线上的销售，既传播了品牌理念，又提升了销量。

3 大互联网品牌为什么选择和东方卫视合作？近年来，随着网购人口红利逐渐减弱，网络推广的成本越来越高，寻找新的用户已经成为从网络平台发家的互联网品牌的重中之重。但是，新的用户在哪里呢？

根据市场研究公司尼尔森（Nielsen）发布的最新《全球广告视野》报告，电视广告依然是广告发布商（品牌商）的首选平台，在中国大陆地区，电视广告的市场份额增长也超过了 15%。

只是，传统的电视广告投放方式不外乎是节目赞助，播放随片广告、企业宣传片等，然而互联网品牌投放东方卫视包日广告尚属首次，这也是互联网品牌与传统媒介突破式的合作。

这种方式对商家和媒介来说都是一次冒险，但从事后的数据来看是成功的。不算东方卫视覆盖的常规人群，仅广告视频 5 日内在网络上的播放量就达到了近 800 万次，网络总曝光量超过 3 亿次。这 3 大互联网女装品牌的目标搜索量也超过 100 万次。

从内容来看，这 3 则广告也有很多开创性的创新，比如互为竞争对手的 3 个品牌居然联手拍摄广告。而其内容也摒弃传统的说教和“高大上”的价值观，别出心裁地呼吁女性在 11 月 11 日这一天，回归独立的状态，释放自我。以往的品牌商只会做宣传品牌形象的电视商业广告，而这一次，3 大互联网女装品牌也是开创了互联网品牌将营销活动投放在电视广告中的先河。

美中不足的是，这次活动看似很完美，却浅尝辄止，和传统媒体的互动没了后文，不无遗憾。以裂帛、茵曼、阿卡这 3 大品牌的销售量，其实它们完全具备在电视媒体上与传统品牌一较高下的实力。

从这次事件我们可以预估，在未来，互联网品牌试水传统媒体的案例将会越来越多，但是在合作形式上需要有创新，不要只是单纯地投放广告。我认为，淘品牌或互联网原创品牌，在前期可以依靠网络积累人气，然后通过创新的形式与强势的电视媒体合作并吸引众人的关注，从而成为全国性家喻户晓的品牌。

4.2 典型新媒体运营案例

如何用 30 篇微信软文换来 30000 名种子用户

作者/米拉　整编/创叔

本文作者介绍：米拉（微信号 mila2121），曾就任一家汽车养护类 App 新媒体运营岗位，具有 6 年互联网和移动互联网工作经历，曾先后做过 PC 端网站内容运营、网络营销、活动策划、公关。

下面先给读者看 3 篇微信软文的威力。

案例 1：对不起，我只过 1%的生活

产品：某漫画 App（为避免广告嫌疑，产品名称这里隐匿）。

标签：励志、正能量。

传播方式：微博+微信。

微信传播形式：图文+漫画。

数据：微信的 10 万名粉丝+微博的 6000 万名粉丝。

App 排名：连续 3 天冲到了 App Store 免费榜第一名。

下载量：当天苹果手机端下载量超过 30 万次。

作者：陈安妮，潮汕人，"90 后"漫画家，2014 年毕业于广东外语外贸大学。目前已出版畅销绘本《妮玛，这就是大学》，代表作《二在广外》《妮玛，这就是大学》《安妮和王小明》等。

案例 2：明年我会拿出上亿元的利润分给员工，让他们开心一下

产品：某手表 App。

标签："90 后"霸道总裁、财务自由。

传播方式：《开讲啦》节目+社交媒体扩散传播。

微信传播形式：图文+视频。

微信阅读量：达 10 万人次以上。

App 排名：一度在 App Store 免费榜排名第四，教育类排名榜单排名第一。

下载量：暂不可知。

作者：余佳文，广州大学华软软件学院毕业，超级课程表创始人，“90 后”创业者，由其团队开发的超级课程表已获得三轮融资。

案例 3：梵高为何自杀

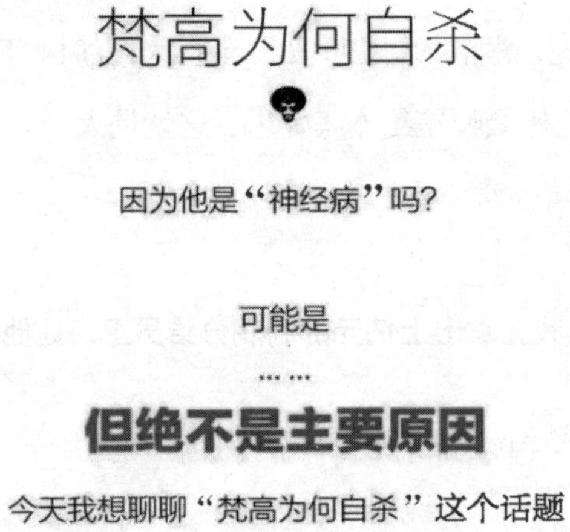

产品：某宝。

标签：段子手、无厘头。

传播方式：叙述性结构+自媒体矩阵。

微信传播形式：图文（无厘头艺术拼图）。

微信阅读量：10 万人次以上。

目的：推广某宝。

作者：顾爷（顾孟劼），平面设计师、漫画家，旅居澳大利亚，现担任澳洲设计公司 Pure Blue 的设计师，因在微博上连续发布“小顾聊绘画”系列长图而被人熟知，现已创业。

以上是从 2014 年到 2015 年 3 个颇为有意思的微信软文营销案例，而且传播形式及预算成本是很多企业都可以承受的。除顾爷是比较简单、粗暴地直接宣传品牌外，其他两个案例都是典型的软文事件营销。它们的共性是通过一篇文章以极低的成本吸引来大量的用户，实现了大多数 App 开发者砸钱都达不到的效果。

但是，并非所有的软文都可以按照这种方式来操作（包装产品 CEO 形象再来谈产品，进而提高品牌知名度并间接促进产品下载量）。不过软文确实能带来实实在在的流量，如果用得好效果不一定比投放渠道推广差！

下面介绍一下我们是如何用 30 篇微信软文换来 3000 名种子用户的。

先用 1 篇文章换来了 3000 名 App 种子用户。

2014 年 7 月 30 日，我们在某交通电台的微信公众号中投放了第一期软文，该微信公众号拥有车主粉丝 60 万名，软文的主题是给车主送优惠，当时投放一篇软文的成本是 5000 元。

接着又用 30 篇软文吸引了 3 万名 App 用户。

在接下来的 3 个月，我们在同一个渠道投放接近 30 篇同样主题的软文（在所有的投放软文中，我们的阅读量是最高的），总计获取 30000 名以上用户，共花费 10 万余元，最好的投放效果是用 2 元左右的成本获取 1 名用户，相比 App 行业中普遍需要 20 元以上获取一名用户的成本，这无疑是奇迹。

找自媒体“砸钱”做广告，不如自己踏实练好微信运营内功。

2014 年 7 月中旬，微信官方正式公开微信公众号文章的阅读量、点赞数。这让很多自媒体和媒体都焦虑了，很多有众多粉丝基数的微信公众号文章阅读量只有几百人次。我们也是在这个时候第一次尝试直接引导用户下载 App，而此时业内普遍吸引新用户的手段有在应用程序市场推广、在 PC 端或移动端渠道投放广告等。

我们直接依靠软文的影响力引导用户下载 App 在业内应该算是创新。在测试阶段，我们又在北京地区的汽车类微信公众号中投放过软文，阅读量在两小时内达到 4 万多人次。该微信公众号目前已经有上百万名用户，还把我们的软文作为案例开始全盘做 App 行业商业化广告投放，听说生意还不错。那么我们是怎么成功的呢？当然我们并非只是因为抢占了微信早期的红利，这其中肯定是有技巧的。

作为一名新媒体运营者，应该怎样利用微信做软文推广呢？

1. 先定位用户群体。

要分析用户会关注的领域，才能找到用户。比如，我们运营的是汽车养护类 App，针对的是“有车一族”。“有车一族”比较关心的资讯首先是与汽车相关的内容，其次是金融、投资、时尚领域等内容（可以通过渠道投放计算出精准的用户比例）。

当然，如果有条件做一些抽样调查，再与自身业务及用户群体画像进行结合，那么此时定位的用户群体则更接近业务本身。

因为我们处于 O2O 领域，用户非常垂直，所以接下来我们根据自己所能服务的城市寻找汽车、金融、投资等领域的微信公众号进行合作。

2. 评估微信公众号是否值得投放内容。

找到要投放内容的微信公众号，然后梳理出其 3 个月内文章的阅读量，计算平均值，估算粉丝总数。当然，现在“刷”微信公众号的文章阅读量及粉丝数量的第三方公司为数不少。所以，并非所有微信公众号的粉丝数量和阅读量就一定是真的，这个时候你需要有一双火眼金睛，估算出该微信公众号的粉丝总量、活跃粉丝数量，进而评估该微信公众号是否值得投放内容。

3. 软文营销的突破口在于产品对用户的吸引力。

首先要找到用户，再找到用户和产品的契合点，吸引用户对软文产生兴趣，并传播软文。然后对用户进行观察，分析用户习惯，精准描摹用户群的画像与喜好。因此，可以说我们所做的推广必须建立在对用户有用、惠及用户、抓住用户痛点的基础上，之后才能够进行有效的用户运营。

我们的软文以洗车作为车主刚需的切入口，以用户首次注册后以很低的价格就可享受服务作为吸引新用户的手段，引导用户直接下载 App（一定要对数据“埋点”）。

4. 写软文最关键的一步：先做“标题党”。

下面先看一下支付宝所发的部分微信公众号文章。

- 《有人逼我转达 818 找你们有事》（阅读量：84779 人次）
- 《今天跑了个龙套，感觉自己萌萌的》（阅读量：83398 人次）
- 《一份来自账单的礼物》（阅读量：100000 人次以上）
- 《无现金月来了，是整个 8 月》（阅读量：100000 人次以上）

支付宝的用户群体主要是年轻人，所以其微信公众号文章标题中都使用了第一人称“我”，吸引用户点击查看。另外，将“礼物”和“现金”等内容写到标题中，文章的阅读量会明显上升，这也说明将用户利益点写到标题里，是一种吸引用户的方式。

所以，除了“情色”（这里的情色，是指很多新闻学专业的同学都会学到的“新奇特”等新闻要素）等用户本身感兴趣的内容，只有与用户利益相关或让用户产生共鸣的内容，才会引起用户对产品产生兴趣。

因促销吸引而来的用户，忠诚度最低，很容易流失；因认可企业内容、价值观吸引而来的用户，以及因有服务需求依赖留下来的用户，忠诚度相对较高。

总的来说，如果企业新媒体的粉丝不够，投放广告的成本比较高，那么可以找业内运营较好并且与自己企业的需求匹配的微信公众号大号直接投放广告。投放的原则：评估账号价值、挖掘产品卖点、深耕内容做好“标题党”。这或许是新媒体运营的标准做法，也是最为典型的做法。

最后，看到此篇内容的各位企业老板，千万别逼着你的新媒体运营人员去一窝蜂地投放广告，前面列举的是 2014 年 7 月到 12 月的案例，那个时候还处于微信的红利期，现在投放广告的成本及渠道成熟程度不能同日而语，广告投放的成本几乎是那时的好几倍，需要谨慎，分析到位之后再决定是否要投放也不迟，这也是新媒体运营人员需要思考的问题！

4.3 经典“反转剧”广告公众号运营案例

文摇：一个用生命在创作有意思的广告的自媒体

——独家采访文案帮主葛世杰

（文摇集体照）

“看完开头，你绝对想不到结尾。当然还会有简单、直接的广告植入。”这就是很多人对自媒体文案摇滚帮（以下简称文摇）的第一印象。

“刚开始的那半年很苦，我天天在打催稿电话。”

文案摇滚帮的成立，来自于“帮主”葛世杰的执念。2013 年，在媒体行业从事市场运营工作的葛世杰发现一个问题：在微信公众号的红利期，有一批自媒体人率先实现盈利，而盈利的方式非常雷同——无外乎通过观点中立的公关软文实现盈利。同年年底，怀揣着对文学的热爱，葛世杰开始考虑做自媒体。然而一个人写稿子太累，于是他网罗了几名自己的同学、同事外加朋友，这些人都非常有才华。

“那时候，我发现自媒体的这种盈利模式也有一些弊端，一方面，这是在消耗粉丝对自己的信任，因为软文写多了对自媒体的公信力影响极大。另一方面，要想养活团队，只能靠商业软文获利，如何在两者之间进行权衡，这是当时的自媒体所需要思考的。”从事新媒体运营工作的葛世杰分析着，“我当时想的是每天都得有广告收入，也没有多想就先注册了微信公众号。2014 年年初，文摇正式开始运营。”

运营之初，文摇里面的小伙伴都有自己的工作，而那时文摇的任务是让用户养成每天阅读其公众号文章的习惯。而“帮主”还要考虑如何将每个人身上的特点，通过文字的形式与用户对话。这些都不是最让人头疼的，最让人头疼的是每天要固定地发布文章，而团队成员们好像都患上了拖延症，“帮主”在那段时间里每天都在催稿。

“成名，对文摇来说是你有你的张良计，我有我的过墙梯。”

跟“帮主”交谈很轻松，他不排斥那些假装中立且带有媒体属性的自媒体人。“帮主”并不希望文摇有一天能成为媒体，正如他所说的：“我就是一个码字的，别跟我谈媒体情怀，我只想做一个天天有广告发的微信公众号。”

过墙梯第一招：内容好玩、有趣。

要想有广告主找上门来，粉丝量、阅读量、用户质量等都必须要上去。在 2014 年上半年，文摇尝试了各种内容，其中也贯穿了“帮主”的第一条信念：内容要有趣。帮主是广告专业毕业的，他深知文章内容要好，能吸引用户，这样才能让用户传播。

过墙梯第二招：让意见领袖看到文摇传播的文字（内容）。

在文摇刚开始运营时，“帮主”有意加了一些朋友的微信，这些人基本都是媒体人或是行业的意见领袖。之后他通过在朋友圈进行单方面的传播，让这些意见领袖及媒体人看到文摇传播的内容有趣，就有可能形成第 2 次、第 3 次的传播，从而达到有效的传播效果。

过墙梯第三招：不要一本正经地做内容，得有辨识度。

文摇的文章有几个特点：一是以广告结尾，二是文章情节反转，三是有爱情故事。在采访过程中，我问了“帮主”一个简单而又直接的问题：“2013 年年底到 2014 年上半年，此时对微信公众号来说还有流量红利，如果文摇推迟 1~2 年开始做微信公众号，会不会因为错过了微信公众号的流量红利而做不起来呢？”“帮主”却很自信地跟我说：“文摇再晚两年做，依然能做起来。就拿咪蒙来说，她是从 2015 年开始做的，现在成了著名的自媒体，靠的是内容的独特性。抓住这一点，往深了挖掘，在用户心中有一定的辨识度，那么，微信公众号在流量红利期过后，也还是能做起来的，流量红利对于内容好的微信公众号，是催化剂，会加速该微信公众号的发展进度。只要内容持续有独特性、好玩、有辨识度，总有一天阅读量会上十万人次的，粉丝也会越来越多。”

“低俗不是我们的卖点，只是吸引流量的元素。”

文摇的风格就是写“反转+低俗”的爱情故事，但是，文摇的低俗并不是真正的低俗，有时候反而会显清新脱俗。做内容无非是将自己的特点做到极致，对自媒体来说，要有辨识度高的内容，才会被人们记住。

文摇第一篇阅读量在 10 万人次以上的文章，其写作手法是文摇常用的反转模式，而这篇文章也添加了当时热门的几大元素，例如，“前女友”“大闹婚礼”之类的剧情等，才造就了第一篇阅读量在 10 万人次以上的文章。对文摇来说，反转是常见的写法，而低俗的剧情，只是为了增加辨识度，文章中使用固定的角色也是为了让受众在阅读文摇的文章时，有角色的代入感。“所以内容对读者来说，一定得有记忆点，这样文章才会有人看，有人感兴趣，才会引发二次传播。”

“广告，为何要遮遮掩掩？我就光明正大地做广告。”

“为何今天是纯文学，不开心，我的广告呢？”

“我原本以为这样低俗的爱情故事，只适合做某产品的广告，原来还可以做这类产品的广告。”

“文摇的广告大片，指日可待呀！”

很多时候，文摇的用户在某种程度上已经形成了习惯，看文摇等于看直截了当的广告，这样的文章不仅不让用户反感，反而让他们很喜欢。藏着掖着的广告不算广告，好的广告就应该是这样的。

很多时候，企业推出的广告几乎都是千篇一律的，很少有企业的新媒体文章与文摇的做法一致。我在此想说的不是文摇的广告模式有多好，而是可以参考及借鉴文摇的写作模式。为什么用户能在第一时间询问文摇的广告？为什么用户会在阅读文章时猜这篇文章是在给哪个产品做广告？

文摇并没有用很高级的手法，做广告就要简单一点，别遮遮掩掩，光明正大地做广告并不犯法。

虽然企业新媒体没有这些自媒体的自由不羁，但是自媒体的运营手法是企业新媒体运营可以学习的模板。文摇之所以能成为自媒体界的“广告小能手”，就是因为其内容有辨识度，不绕弯子。最后一点或许是企业新媒体所需要学习的，那就是真诚、用心地做广告，让用户感受你的诚意。即便是广告软文，也要真诚、好玩且有辨识度，这样的文字是企业新媒体运营人员需要琢磨的。

对话文摇“帮主”葛世杰

问：你是如何看待企业做新媒体运营初期就设立 KPI 这件事的？

葛世杰：如此早就设定 KPI，说明企业老板的想法有问题。企业做新媒体运营有时候还需要磨合，在磨合期间，并不是用简单的量化数据就能表达的。有时候还是需要感性地认知用户以及内容。对真的想要做新媒体运营的企业老板来说，过早设立 KPI 未必是一件好事！

问：企业老板找几个实习生就想把企业新媒体做起来，可能吗？

葛世杰：这种想法挺好的，可现实是残酷的，只找几个实习生就想把企业新媒体做起来是不可能的。我不是否定所有的实习生，只是全部用实习生来做新媒体运营，还想要让企业新媒体做得出彩、有模有样，是有一点困难的。

问：对企业新媒体运营有什么建议？

葛世杰：

（1）没有预算就不要要求新媒体运营人员做出成绩。

（2）别过早地设定 KPI。过早设定 KPI，在没有用户基数时是无效的，只有用户达到了一定的基数，设定 KPI 才是靠谱的做法。

（3）要想节约人力成本，最好找一个有经验的新媒体运营人员，带几个有活力、有“脑洞”的新人来做。

（4）一定要阻止那些带有“个人主义”倾向的企业老板，别动不动就让自己出现在新媒体文章中。

问：现在文摇每年大概有多少个广告客户？发一条广告的价格是多少？

葛世杰：文摇每周会发 2~3 篇广告，关于具体的广告价格几乎是透明的，读者有兴趣的话可以联系我。

问：要是广告商影响文摇的内容创作，你会怎么解决？

葛世杰：文摇的创作具有相对的独立性，一般我们很愿意听广告商有价值的意见与建议。但是，要是广告商看完我们的文章，跟我来一句："我觉得你这篇稿子写得不够高级，不够大气。"那我倒是想要问问，何为高级，何为大气。类似这种意见，我一般不予理会，要么继续合作，要么就此打住。

4.4 企业服务号运营案例

如何利用活动吸引上百万位用户？运营高手讲述企业服务号的生存之道

文/米拉　整编/创叔

典典养车是国内首家主打“1 元洗车”的汽车后市场 App，其上线 14 个月，App 用户达到 600 多万名。依托 App 本身强大的用户基础，典典养车微信服务号的用户量很快就突破了 100 万名。它们的用户全是私家车主，相比快消产品及社交类产品，典典养车的用户性格非常直接，需求也很明确。

2015 年 5 月，典典养车的团队基本成熟，正式开始运营典典养车微信服务号（之前只做商品宣传渠道用）。典典养车的新媒体运营团队算起来大约有 10 个人，但是都分散在各个部门。其实这也是目前新媒体运营行业的现状，创业公司养不起新媒体运营团队，就和他们养不起好的公关团队一样。

典典养车的基本情况介绍完了，下面进入正题。这里介绍的案例都是典典养车的新媒体运营团队一路摸爬滚打创造的，数据不掺一点水分。通过典典养车做过的活动运营和用户运营，希望可以给还在孤军奋战或刚入行的新媒体运营人员一点帮助和启发！

案例一：商品宣传类活动

在典典养车成立一周年之际，如何在推动新业务的同时对品牌发展有一个好的总结？典典养车从其运营历程出发，做了一套动态海报，用“说人话”的风格加企业实力介绍，对用户进行最大程度的品牌教育。

活动效果：阅读量，76386 次；点赞数，91 次。

设计理念：突出“成长”，核心围绕活动主题，“典典一周年，初心未变破浪前行”。

给新媒体运营人员的建议

此次活动最花精力的是手绘风格的海报，关于文案，他们只用了 1 个小时就确定了。因为怕侵权，所以海报必须手绘，第一张海报手绘设计师画了 3 天才画好。这种形式适合增加品牌曝光量、加深用户对品牌的印象，但是绝对不能用“典典一周年，初心未改破浪前行”之类的标题，因为在品牌对市场教育还不够的情况下，用户绝对不会单纯地因为品牌而关注活动，标题可以写成“周年庆，购买保险即送全年 0 元洗车+最高 3000 元养护红包”。

案例二：互动类活动

典典年卡的用途是“洗车+养车+车险”，其核心就是绕围汽车服务。因为洞察到女性爱自拍，男性爱炫酷的特点，典典养车发起了“晒爱车赢全年 0 元洗车”活动。推广同样采用 HTML 5 页面的形式。

效果：阅读量：96451 次，点赞数：183 次。用户参与效果非常好，说明用户对于互动类活动的内容非常感兴趣。

设计理念：参考之前很火的“××海报体”，具体活动海报如下图所示。

给新媒体运营人员的建议

本次活动点击原文阅读的次数接近 10 万次，直接参与用户达 8000 人，但这是一个失败的案例。因为受到了微信规则的限定，让用户晒合影问题并不大，但让用户参与其中并分享活动就存在很大的问题。因为目前微信禁止诱导用户分享内容，所以他们只能在图片展示中花一些心思，除展示图片外他们还做了一个送花的动作，但是并没有告诉用户评审获奖资格的依据是什么。

此案例给我们的启发是一定让用户很容易地就能参与其中，活动的设计逻辑一定要和运营团队沟通清楚，并且这种涉及复杂交互的活动最好要有产品经理或项目经理介入。

案例三：产品优惠类活动

典典养车在其 App 用户突破 500 万人时，准备做一个产品优惠类活动，这是一次很好的宣传产品机会。他们以“趣味+品牌正面曝光”的形式做了一个送红包的活动，吸引了众多用户参与。

效果：阅读量，91111 次；点赞次数，138 次。植入对话场景，以及发红包，效果很好。

设计理念：采用 HTML 5 页面的形式让用户直接参与活动（见下图）。

给新媒体运营人员的建议

对于这种有成本的活动，运营人员该如何向公司申请经费呢？首先要说服的肯定是自己的领导。每次要策划这种产品优惠性质的活动时，一定要告诉领导这次活动的目的是什么，需要多少资源支持、成本是多少、预估实际消耗需要多少成本。如果这个成本投入完全是可控可用的，那么领导肯定会同意！

这3个案例总结为一句话就是：他们做的是“品牌宣传+活动+业务+服务”。

如何玩转企业微信服务号

很多企业认为在微信中注册一个账号就是在做新媒体运营了。之所以现在有很多人对新媒体运营有很多的误解，最主要的原因就是玩得好的账号效果非常好，比如一条、世相（已被封杀）之类的小众微信公众号。玩得很糟糕的账号则是整天复制、粘贴别人的内容，到处发红包求用户转发内容，为了完成 KPI 不得不去刷阅读量。

奉劝各位企业新媒体运营人员，如果你在入职前发现老板对新媒体运营的期望值是要完成多少指标或达成多少成交率，但并没有说给你多少预算和人员支持，那么劝你趁早换一家企业。看看业内一年能有 300 万位粉丝用户的新媒体账号，哪一个没有做活动、投广点通推广、玩互推？其实可以从以下几个方向分析新媒体账号。

（1）“你一般怎么称呼你的产品使用者？营销人员一般称其为粉丝，媒体运营人员一般称其为读者，产品经理一般称其为用户。”

（引自《关于新媒体的 13 个事实》）

这其实说的是用户定位，典典养车的用户画像如下图所示（20~49 岁，男性居多）。

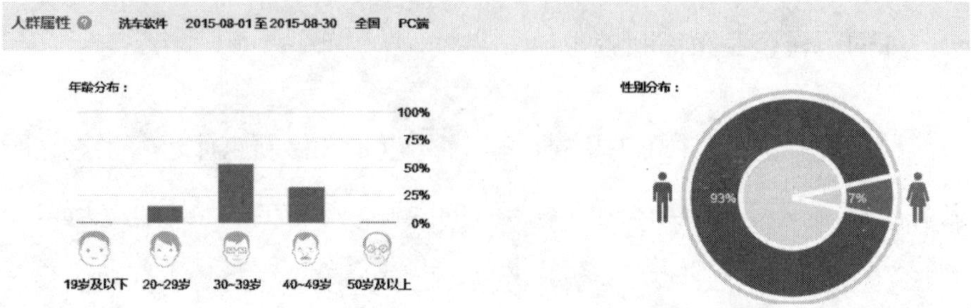

一般而言，你服务的人员就是你的用户，要确定你的用户画像。比如，典典养车做的是汽车后市场领域，其服务的是“有车一族”。在服务用户的同时，只要能影响到“有车一族”的创意和活动他们都会尝试。

现实中我们经常会看到一些企业新媒体在跟风写一些最新的热点内容，比如，与汽车相关的微信公众号跟风写娱乐圈的八卦新闻，虽然你的用户可能会对这些内容感兴趣，但是他们同样可以从腾讯娱乐及其他娱乐媒体上看到，过多地跟风热点，只能证明你的企业没有个性。

（2）“人格化，不要职业化。未来媒体的核心只有两个词：性格和数据。没数据难以规模化，没性格就增加不了用户黏性。”

（引自《关于新媒体的 13 个事实》）

新媒体具有交互性与即时性、海量性与共享性、多媒体与超文本、个性化与社群化的特征。如果想增加用户的黏性，最主要的还是要有个性，这种个性需要从你的关注指引语、微信公众号菜单、图文标题等体现出来。我觉得国内做得很有个性的新媒体账号非杜蕾斯和支付宝莫属，如下图所示。

很多新媒体运营人员看到这里会说，我就是这样做的啊，我的文章里也有暴走漫画的图片、小黄人，语言也都是新潮的。对不起，这不是个性！请你先弄清楚自己的用户群体。打个比方，你和一群 50 多岁的大妈谈广场舞可以，但是跟她们谈“二次元”文化她们会理你吗？她们根本就不懂呀。只有品牌运营好了，才能谈个性。

（3）新事物虽然浑身都是缺点，但是发展速度很吓人。连缺点都没有的产品注定是无可救药的。今天不对，明天改就是。

（引自《关于新媒体的 13 个事实》）

做新媒体运营，唯快不破。错了，不要怕，调头即可，别钻进死胡同！现在的社会更像是在春秋战国时代，百家争鸣、百花齐放，只要你有自己的玩法，大大方方地玩起来，不管受众多么少，都会有自己的声音和支持者。

而现状却是把新媒体挂在嘴边的人都是看热闹的。有多少新媒体运营人员就是玩玩而已？又有多少新媒体运营人员是踏踏实实在干的，又有多少企业老板被所谓的专家和所谓的理论家给蒙骗了，他们的参与只能让事情变得糟糕。极少有既能说又能做得好的人。天天出去忽悠企业老板的“专家”，大多都是想让你把微信公众号外包给他。建个新媒体账号容易，运营才是最难的。

总之，新媒体运营和互联网时代的网站运营在形式上没有特别大的区别，包括内容运营、用户运营和活动运营，其目的是拉新和留存，但是更集中、更具有社交化。

4.5　打造“10 万+”阅读量的内容案例

微信红利末期，新媒体运营除了要打造“10 万+”阅读量的内容，还应该做什么？

作者/米拉　整编/创叔

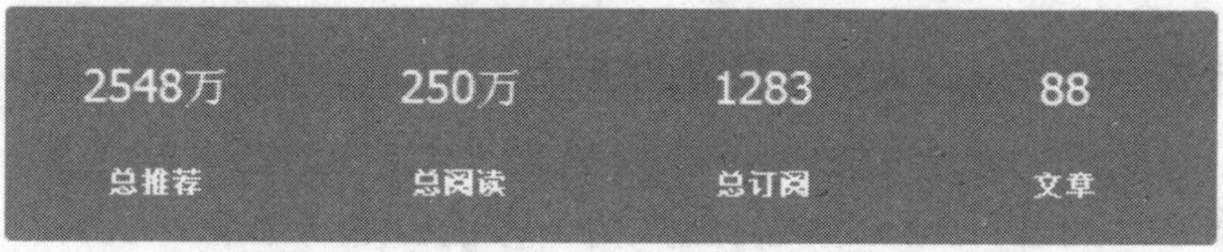

（典典养车团队运营了半年的自媒体账号，有 88 篇原创内容）

最近我见了两位朋友，他们向我请教社交类产品如何做好微信公众号。其中一位朋友告诉我，她的 App 已经有 4000 万位注册用户，但是微信公众号的粉丝却少得可怜，还不到 400 人，虽然也写了原创文章，但效果不是很理想。

这不是个例，自从我断断续续写了两篇关于新媒体运营的案例以后，认识了不少向我咨询问题的新媒体运营者、传统行业转行的老板及创业公司的运营负责人。所有人咨询的问题无非是以下三方面。

（1）微信公众号是否已经进入红利末期？下一个新媒体入口在哪里？

（2）各大新媒体渠道有何特点？如何有针对性地运营？

（3）如何打造阅读量达“10万+”（10万人次以上）的文章？

典典养车的新媒体账号运营有一年多，其中走了不少弯路，也曾狂飙突进。下面分享典典养车在一年多的新媒体运营中的心得。

首先，回答以上大家所关心的三大问题。

第一大问题：先来谈谈行业大势，微信公众号还有得玩吗？

答案：当然有。

先分享几个2015年12月新媒体账号数据（来源于新榜指数）：

（1）国内垂直新媒体大号“交通91.8”在2015年的微信广告收入已达1083万元，微信公众号“一条”的粉丝数突破1000万人，并开设了关于女性的微信公众号。

（2）新三板自媒体账号“飞博共创”上市交易，其旗下拥有“冷笑话精选”“美食工场”等 200 多个微信公众号，覆盖 1.5 亿名粉丝，其 CEO 年仅 29 岁。

（3）金融领域第二大自媒体账号“金融家”被小铜人以近 400 万元收购，据称“金融家”在 2014 年盈利 180 多万元，在 2015 年盈利 240 多万元。

（4）微信公众号“去了个痘”获得 200 万元天使风险投资。据称其每个月新增粉丝 3 万多名。

看了以上数据后，相信你对微信公众号是否已进入红利未期自有判断。

我的看法是，微信依然是最重要的新媒体运营渠道，但已经过了快速增涨粉丝的时期了，微信的流量增长势头已经放缓，进入专业化、资本化运作的阶段。

第二大问题：微信公众号大号是怎么玩的？

答案：多渠道延伸，呈现社群运营和去微信化！

微信早期扶持的公众号“罗辑思维”悄悄上线了自己的 App——得到，其意义不言而喻。公众号大号“微信路况”建立自己的 WAP 站“电子杂志”，同时在腾讯兴趣部落开通了账号，准备往社群运营方向发展。

同时，2015 年 12 月统计的数据显示，多个微信公众号大号因为发布虚假消息而被起诉，“Uber”等多个相关微信公众号再次被封，“果粉查询”“娱乐爆姐”等多个微信公众号突然被封，原因不明。由此可见，微信官方在不遗余力地打击虚假信息，对微信公众号运营的限制越来越大。2017 年 6 月，又有一大批微信公众号被永久封号，例如“毒舌电影”“关爱八卦成长协会”等。2017 年 6 月实施的《中华人民共和国网络安全法》规定，任何个人和组织不得利用网络从事侵害他人名誉、隐私、知识产权和其他合法权益等活动，网络运营者应当加强对其用户发布的信息管理，发现法律、行政法规禁止发布、传输的信息，应当立即停止传输该信息，采取消除等处置措施，防止信息扩散，保存有关记录，并向有关主管部门报告。

下图为从最新微信公众号排名中挑出的 7 个微信公众号大号样本，它们每月发布的微信公众号文章在增加，单月阅读量并没有明显增加。

月份	人民日报	发布	央视新闻	发布	FM93交通之声	发布	十点读书	发布	视觉志	发布	英国那点事儿	发布	同道大叔	发布	总计发布
11月	4482	183	3901	191	2720	90	2350	30	2353	30	1878	30	2388	30	584↑
10月	4054	133	2913	94	2912	93	2281	30	2352	31	1925	31	2330	31	443↓
9月	3899	142	2832	102	2677	90	2120	30	2208	30	1854	30	2174	30	454
单位（万人次）	12435		6064		8309		6751		6913		5657		6892		

不难看出，上述许多大号在搭建多元化渠道，将原来集中在微信中的内容放到多个渠道中。这一方面是因为微信平台管制严格，另一方面是因为国家法律法规对自媒体的内容加强管制。所以，在微信及各个新媒体平台中，企业新媒体运营人员都要用心运营，必须对所发布信息的

真实性及合法性有自己的判断。

第三大问题：微信、今日头条、一点资讯等各大渠道到底有何差异？如何对症下药？

下面介绍典典养车的案例，这或许对企业新媒体运营人员有一定帮助。

典典养车是为车主用户提供养护、加油、救援、代缴违章罚款等一站式养车服务的 App，其用户主要是“有车一族”。典典养车的微信公众号主要用于为企业发声，其中包括典典养车微信服务号和订阅号，其中重点运营的是服务号，订阅号只用于企业公关。

为了获取更多的潜在客户，典典养车于 2014 年 12 月在微信平台申请了一个自媒体账号，主要针对个人用户（车友或汽车发烧友）。后来又开通了微信订阅号，以及在今日头条和一点资讯中也开通了账号，他们会测试这几个平台哪些效果比较好（见下图）。

如下图所示，同一篇文章，总传播阅读量为 391097 人次，其中在微信中的阅读量为 6511 人次，在今日头条中的阅读量为 132811 人次，在

一点资讯中的阅读量为 251775 人次。文章的阅读量是由 3 个渠道的特征决定的，比如，微信推送是一对一服务，然后根据用户感兴趣的程度才有二次传播，它的阅读量大多是由微信粉丝决定的。今日头条主要根据标题关键字和栏目分类随机推送，其对原创和标题关键字的匹配要求比较高，一点资讯的用户多来源于小米手机用户，对用户而言，趣味性更重要。

渠道	文章标题	阅读量	转发	收藏	点赞	评论
微信	老司机告诉你，汽车爆胎有征兆！	6511	无	无	12	/
今日头条	老司机告诉你，汽车爆胎有征兆！	132811	2246	86	/	44
一点资讯	老司机告诉你，汽车爆胎有征兆！	251775	966	984	/	15

总的来说，对于企业新媒体运营人员，最好做微信服务号，微信订阅号可用于对外公关（要和微信服务号的定位区分开）；如果要做自媒体，在微信中靠原创和坚持，在今日头条中靠内容质量，在一点资讯中靠新鲜和有趣，网易自媒体、天天快报也可以尝试。凡事只要坚持，粉丝超过 10 万名并不难。

说完了渠道，关键的问题来了：如何打造阅读量在 10 万人次以上的内容？

我的观点是：过于追求阅读量，对企业用户来说，可能会偏离了主题。为什么这么说？

如下图所示，2015 年 4 月，这篇文章当天在一点资讯平台中的阅读量突破 30 万人次，最后总阅读量接近 60 万人次。但是这种“标题党”文章对企业来说能起到什么作用呢？

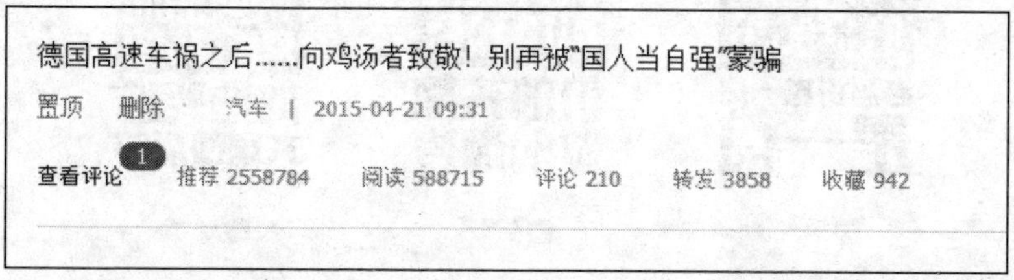

虽然这篇文章可以带来品牌曝光，但是对于提高转化的作用并不大。

对于新媒体企业账号运营者，如果阅读量不重要，那么重要的是什么？

第一点：定位。

文章的阅读量再多，没有企业或个人的品牌调性，也不会起什么作用。

企业如果要开通微信服务号，一定要从品牌、产品、服务等方面和用户建立连接。换个说法就是要说人话，让用户对你有兴趣。

比如，典典养车在增加加油业务时，挖掘了加油业务的几个特色，让用户知道典典上线了加油业务，充值最低可享受 95 折优惠，并且支持中石油、中石化加油卡充值。他们还在海报中说明利益点，简单直接，如下图所示。

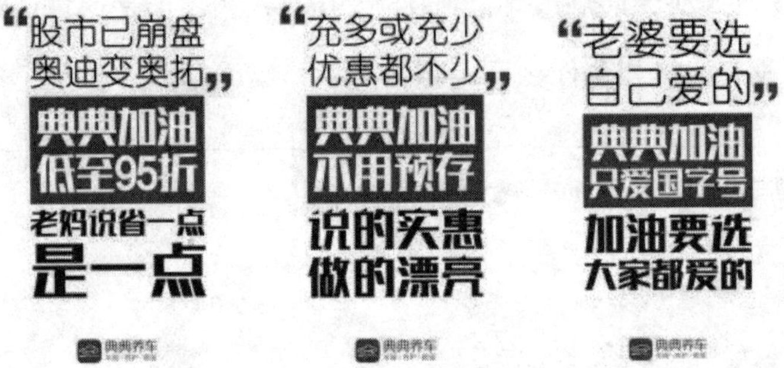

第二点：用户画像。

都不知道自己的用户是谁，连用户画像都没有，还谈什么阅读量？

下图所示的是一张“95 后”用户的手机屏幕截图。如果对比一下“80 后”“90 后”的手机屏幕截图，相信你就明白用户画像是什么了……

阅读量在 10 万人次以上的文章，看起来让人很羡慕，但有多少真正的目标用户在阅读？很多人都是乱投、乱发文章，虽然阅读量很高，但是用户并不精准，最后并不能看到什么效果。

第三点：与用户互动。

不管是解决客户的投诉还是发起话题，一定要让用户感觉舒服，得到尊重。

在微信的多客服系统刚开放时，典典养车的微信服务号就已经接入了多客服系统，电话客服和微信客服同步进行，基本可以做到即时投诉，即时解决，快速解决问题是基础，代表服务质量！

典典养车还在主动互动板块根据热点话题利用微信本身的属性，发起多个话题互动。其中“七夕盖楼有奖”话题的最高阅读量达到 8 万多人次，在腾讯兴趣部落的阅读量达 26755 人次，评论数达 13703 人次（社区参与度高达 51%），转发达 1196 人次。此次活动既把产品典典年卡、典典车险推广了出去，又与用户保持了亲密的互动。

第四点：新媒体营销。

一切活动、营销、品牌都是为了销售，关键是如何找到用户感兴趣的内容。

用户关心的内容无非有三点：人性、利益和创意趣味！前两个就不讲了，说下第三点内容吧。

典典养车在推出违章代缴业务时，用树懒的形象推出了一个测“懒癌”的问答 HTML 5 页面，并在用户参与调查时发送红包，如下图所示。这其中就包括了一些有趣的因素以及利益驱使。虽然此次活动的阅读量不到 4 万人次，但是在微信朋友圈的转发量超出预期，而且典典养车用零成本就把产品宣传出去了！

根据我的经验，如果企业的宣传方案没有利益驱使，那就只能用创意吸引用户了。我觉得更有意义的是典典养车做的这些关于品牌和用户互动的创意内容，其中有品牌输出也有用户互动，还能传达产品理念。

第5章

企业新媒体的趋势

企业做新媒体运营，难道仅仅是一种营销、推广品牌的行为吗？或许在不久的将来，新媒体会成为一种新型的业务。它不只是宣传品牌、与用户互动的渠道，更有可能是业务新的增长点，亦有可能是业务的留存档口。在未来，企业新媒体运营的趋势或许跟新媒体的大环境不谋而合，而企业新媒体运营人员要关心的则是企业业务与新媒体的结合，这也是他们要思考的问题与方向。

5.1 企业新媒体的未来趋势

如今的新媒体俨然成了很多企业所向往的营销变现渠道，但是大多数的企业并没有找专业的人来运营新媒体、组建团队，以及加重新媒体在未来的传播渠道中的比重。前段时间万达集团的官方微信公众号推送了一篇名为《万达集团新媒体投放蓝皮书》的文章，万达董事长王健林明确要求增加新媒体在项目营销推广工作中的比重，新媒体推广费用必须占媒体推广费用的70%以上。连商界的权威人物都意识到新媒体在企业营销中的重要性，可想而知，新媒体对一家企业来说有多重要。

先来看看近期自媒体的方向。下图所示的这 6 个账号是 2016 年最具代表性的新媒体账号，其中估值最低的是十点读书，估值为 3000 万元，其他新媒体账号，papi、罗辑思维、一条和同道大叔，估值都在 3 亿元以上，它们都属于自媒体内容范畴。

如今内容创业已经是一片红海，并且也有了非常大的转变：从业余自媒体升级为专业自媒体了；从 UGC（用户生产内容）升级为 PGC（专业/专家生产内容）；从个人化升级为团队化。

自媒体的风向有可能也代表了企业新媒体运营的风向，下面先来看看海尔的新媒体运营数据（以下数据来源于清博大数据）。

微博平台：2016 年，海尔集团年度总曝光量超过 10 亿次，转发、评论和点赞总数超过 120 万次。其中，海尔官方微博的数据显示，仅 11 月 8 日至 12 月 8 日，其微博点赞数就超过 10 万次、互动数达 21 万次，综合影响力指数高达 824.4。

微信平台：2016 年，海尔集团被超过 20 万篇文章报道，其中头条报道有 85639 篇。其全年点赞总数达 275 万次以上，包含“海尔”关键词的文章平均每日的点赞数达 7503.9 次。

以上数据看起来很可观，而这与海尔集团的业绩是否有直接联系？2016 年海尔集团在全球的营业额达到 2016 亿元，同比增长 6.8%，利润达到 203 亿元，同比增长 12.8%；其中在线上产生的交易额为 2727 亿元，同比增长 73%。从线上产生的交易额及增长率可以看出海尔集团的新媒体运营对其业务是有帮助的。

5.2　2018 年新媒体格局

2015 年年底，罗辑思维低调地上线了“得到”App。谁也没想到知识付费模式被他们玩得那么大！而王思聪在分答回答一个问题就能吸引二十几万人付费收听。除了知识付费，当时我所预测的 3 个趋势，目前来看在 2017 年全部实现了。

趋势一：内容为王

早期依靠“鸡汤”文章或简单地复制、粘贴内容做起来的新媒体大号，会倒下一大批，因为他们没有生产原创内容的能力。这也就说明原创内容会越来越重要，必须要创作用户感兴趣的内容。

结果：2016 年，微信先后推出原创、评论功能，以复制内容做起来的新媒体大号完全被扼杀。

趋势二：去微信化，多平台同时开花

未来新媒体垂直化运营越来越重要。

结果：2016 年，许多区域性的新媒体大号越来越有区域影响力及商业价值。比如，杭州交通广播电台在 2015 年的软文推广收入达到一千多万元，它们在 2016 年已经将此推广业务全面商业化，并且做了自己的 App——开吧。

趋势三：短视频会是一个新的爆点

之前的新媒体传播绝大多数以图文为主，而短视频则不同，其短小精悍、搞怪好玩，更能吸引用户的注意力。就连做短视频的平台——快手，也独得腾讯的融资。

结果：快手短视频平台红遍大江南北。

目前，新媒体账号的格局仍旧是四分天下：自媒体、媒体机构、政务新媒体、企业新媒体。其中，自媒体占比 94%，媒体机构占比 5%，政务占比 1%，企业新媒体占比是零。所以，自媒体是过去 3 年中最有活力的内容生产者。难道企业新媒体就不能像自媒体一样蓬勃发展吗？其未来的趋势及企业的机会又在何方？

5.3　企业新媒体运营是否真的还有机会

企业是否要做新媒体运营？事实证明，几乎所有的企业都在做新媒体运营，无论是成长于线上的品牌，还是发家于实体店的传统品牌，它们无一例外都在做新媒体运营。比如，中国移动、京东、天猫、支付宝、聚美优品、可口可乐、星巴克等。

如下图所示，宝马在 2016 年策划了一个很大的营销事件，在朋友圈引起了很多人转发。这只是在宝马官方微信订阅号发了一个 HTML5 页面，然后朋友圈就被“刷爆”了。为什么此次传播能够火起来而且没有花费一分钱？首先，因为宝马的官方账号有一定的品牌知名度，其次是创意非常好。虽然这个创意是由宝马委托乙方公司做的，但是也说明如果你有好的创意，那么成本确实可以很低。

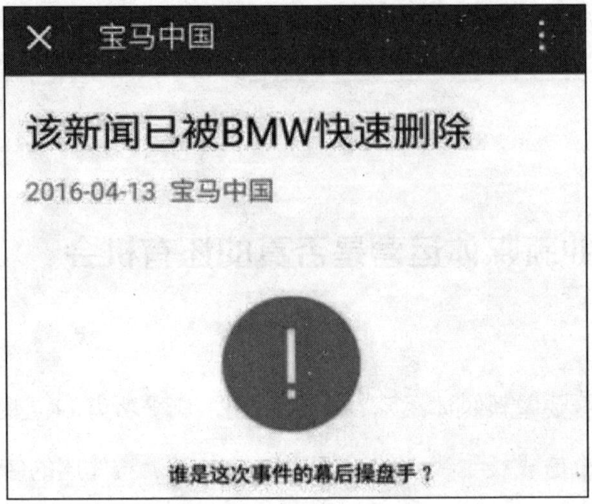

企业新媒体如何做

我认为新媒体矩阵要从微信做起。2014 年，有 1000 多万人申请微信公众号，也就是说在每 110 位微信用户中就有 1 位用户在做微信公众号。

2017 年 4 月 24 日，腾讯旗下的企鹅智酷公布了最新的《2017 微信用户和生态研究报告》。这份报告数据显示，截止到 2016 年 12 月，微信在全球共计有 8.8 亿个月活用户（见下图），而新兴的微信公众号平台拥有 1000 万个用户。微信在 2016 年直接带动了信息消费 1742.5 亿元，相当于 2016 年中国信息消费总规模的 4.54%。在微信活跃用户方面，2016 年每日平均使用微信 4 小时以上的用户比 2015 年增加了一倍，第三方数据显示，微信 App 用户人均每月使用的时间在 2016 年 12 月达到了 1967

分钟，超出第二名 App 一倍。用户每天花 1967 分钟打开微信，说明微信是目前最为活跃的社交平台。你有什么理由不选择微信公众号？

不要再犹豫是运营微信公众号还是做 App。

很多企业管理者会认为，自己有钱，只要做一个 App 就好了，运营微信公众号档次有点儿低。当然，如果企业有钱、有技术研发团队，那么完全可以开发 App 并自行推广。但是从功能讲，肯定是运营微信公众号更具优势，具体包括以下 4 个方面原因。

（1）微信公众号具备原生账户系统，开发难度非常低。

（2）微信公众号具有实时的信息推送系统。一些大的企业都用微信代替了短信。

（3）微信公众号具有天然的社交系统。

（4）微信公众号具有完整的支付系统。

下面分析一下微信公众号相比 App 的优势。

（1）微信公众号的开发成本要低于 App 的开发成本。

（2）微信公众号获取用户的成本低于 App。微信是一个用户集中的社交工具，而 App 的推广成本在最近几年高得离谱，吸引一位用户下载并注册的成本可能都要按几十元或几百元来计算。

（3）微信本身就是流量洼地，大多数用户常用的 App 也就这么几个，比如微信、淘宝、支付宝、滴滴等；并且新创建一个 App 对企业来说未必是一件容易的事情。

微信服务号怎么做

（1）给用户提供有价值的服务。要让用户记住你的微信服务号，可以将其做成依托微信的 App。要注重用户体验，并做到最好。

（2）要与用户进行交流，并且少做广告类的营销。

（3）需要接入业务并提供客服功能。记住，是客户服务而非销售。

微信订阅号怎么做

公关为主，内容导购为主

不同的渠道有不同的特征，所以所做的内容也要不同。微信更适合做品牌宣传。最典型的例子就是支付宝，2015 年上半年，支付宝的微信订阅号停止更新了几天，同时其在今日头条开通了账户，同样的内容，发布在微信订阅号中可以获得七八万人次的阅读量，发布在今日头条中就只获得了几百人次的阅读量，最后它们又将重心放到了微信订阅号中。

为什么支付宝在微信中受捧在今日头条中却被冷落？因为微信是封闭性的，支付宝的微信订阅号已经累积了一定的用户量，所以它把内容定位为公关也会有人看，用户可以从中了解支付宝最近有什么大动作，新出了什么产品，它用一种调侃的方式与用户对话，并提供吸引“90 后”、网络用户的内容。而今日头条是开放性的，根据用户标签来向用户推荐一些内容。对于没有粉丝定义的今日头条账号来讲，文章的标题和内容一定要非常明确，关键词不能太宽泛。

原创为主，多渠道分发

微信订阅号中的内容要以原创为主，可以在多个渠道进行传播，也就是说相同的原创内容可以在多个渠道分发。

企业新媒体运营七部曲

一般，品牌发展的过程分为以下四步：

第一步，让用户找到你。

第二步，让用户认识你。

第三步，让用户喜欢你。

第四步，让用户记得你。

在这个过程中，企业新媒体运营分为以下七步。

1. 对品牌账号进行梳理。

首先，要明确品牌账号的定位，即究竟是什么身份，是中介还是终端？采用什么样的形式？是 2B 还是 2C 模式？比如，蘑菇街销售的是时尚周边商品，它会用内容来驱动商品销售。京东是最早入驻蘑菇街的电商平台，其定位是促销，所以它所有的内容都与商品促销有关。

其次，要注意细节。比如在微信公众平台中，在公众号文章中引导用户关注公众号的设置、文末关于品牌的介绍等在自媒体运营红利期都是没有的。当品牌有了一定的辨识度，才可以设置这些内容。其实这就是关注品牌的价值。

2. 梳理好品牌以后，接下来要做的是搭建整个账号体系。

什么叫搭建账号体系？就是指企业官网中的栏目按钮，或者企业App 中的不同的品类服务选项，企业微信公众号里面的底部按钮。其实总结起来就是产品、服务和内容，相当于把 App 中大容量的功能精挑细选做减法，让用户直接在微信中也能使用这些功能。为了对微信公众号和 App 做区分，有一些功能用户必须要下载了 App 之后再用。

3. 口碑式营销。

小米采用的就是口碑营销，用户关系是产品链，产品是发动机，社会化营销是加速器。口碑式营销的四个过程是用户消费理念的变迁。比如，以前的品牌传播基本都是通过电视广告。而现在发生了很大的迁移，移动互联网的传播环境也不像以前了，用户只能去被动地接受。

现在，企业在微信里做的口碑营销大多还是通过软文推广来实现的。比如，最典型的方式就是关键意见领袖在自己的账号中创作原生内容。最成功的、转化率最高的例子就是咪蒙，虽然她的文章因为调性问题在2016 年被大家“吐槽”了一年，但不可否认的是，她的粉丝量及转化率是真的很高。京东、神州、滴滴和考拉等公司都在咪蒙自媒体平台上投放过广告。

咪蒙不会赤裸裸地说这个产品好，这个产品的评测分值高，而是根据广告主的产品特征写一些相关的内容，最后再贴合内容推荐产品。网易考拉的风格也类似咪蒙。比如，网易考拉的广告标题是“外在不好看，谁看你内在呀”，其内容主要说女孩子要对自己好一些，而文末推荐的都是大品牌的化妆品。

4. 是否要做“槽点营销”？

“槽点营销”其实属于社会化营销，主要是指企业做一些事件营销，以“槽点”为传播点。

在做“槽点营销”时，不要以低俗内容为重点内容，而是要根据产品属性来曝光产品。做得比较有代表性的“槽点营销”案例有神州专车的“LOVE U”活动和新世相策划的“4 小时逃离北上广”及“丢书大作战”活动。这些活动都非常具有正能量，神州专车还因为“LOVE U”

活动提高了企业的形象。

5. 是否得跟热点？

如果热点能和产品内容结合那就可以追热点内容，如下图所示，此篇文章能获得 10 万多人次的阅读量已经说明了一切。但不是什么热点都能追，现在相关政策对新媒体追热点内容的时间也有一些限制，各位读者需要熟悉当下与热点内容的相关规则（详见本书第 3 章内容）。

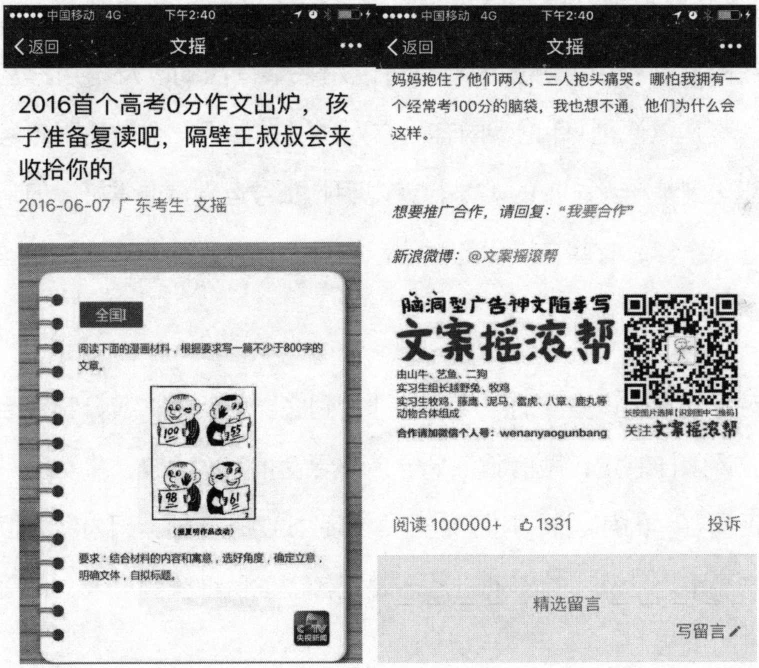

6. 什么样的活动才是好活动?

首先，你要知道此次活动的核心目的什么？活动的合理目标是什么？需要哪些资源及花费多少成本？可能存在的风险是什么？

活动要想成功，用户路径就要短。在设置分享机制时，要考虑得当，而且交易的数据要有埋点。

7. 在微信平台中如何与用户互动?

在微信平台中，哪些内容是可以用来举行活动以及与用户互动的呢？答案是“原创+评论”内容。有人说过，如果一个微信服务号的阅读量能达到其粉丝总量的12%，就说明此账号运营得非常好。但是微信订阅号不一样，有些自媒体的微信订阅号的打开人次能达到其粉丝总量的25%。

对于运营应该遵守的年度活动计划到底要不要做；节日营销活动的主题应该怎样制定；微信服务号一个月要发布四次内容，每次发布的内容是否需要别的部门同事进行配合，都必须要有计划，因为你要根据品牌、产品策划活动。提案通过后还要把各个项目细分到个人，最后活动才能准时上线。

介绍了那么多2017年企业新媒体该做的事情，下面来说说2018年企业新媒体营销的几种趋势。

第一种趋势：微信公众号得做产品，提供相关企业服务

企业新媒体与自媒体有很多不同，第一个不同就是企业新媒体尤其是企业微信服务号，可以做成企业的产品，让用户在微信中就能体验企业所提供的业务和服务。

第二种趋势：沉淀用户，分析大数据

现在很多企业或平台都在说大数据，对企业来说，新媒体是一个沉淀用户、挖掘用户需求的渠道，从中分析和获取与业务相关的数据，对于业务的更新迭代有很大的帮助。但是要做数据挖掘，可能就需要企业的产品经理、业务部门、运营部门等相关部门的人员在相关节点埋下数据点，这样才方便后续进行数据分析。

第三种趋势：账号内容逐渐音频化、视频化

未来，在新媒体平台中，音频和短视频内容会越来越多。像喜马拉雅、得到、快手等 App 都是音频内容的生产者，它们站在用户的角度思考问题，为用户节省更多的时间，并将内容场景化。今后，也会有更多的微信公众号文章带有音频、短视频等内容，方便读者随时随地收听和观看内容。

第四种趋势：企业不会轻易被忽悠，一批第三方新媒体代运营机构会倒下

在新媒体运营刚兴起时，尤其是在微博、微信刚起步时，第三方新媒体代运营机构如雨后春笋般在全国各地涌现。那时候企业很容易被它们忽悠了，因为当时企业没有实际的案例可供借鉴。下面分析一下这些企业被忽悠的原因。

其一，新媒体是新事物，在单笔的营销投入上，相比较而言，新媒体的传播费用并不多，企业都抱着尝鲜的态度，并且对结果未抱有太高的期望。

其二，企业鲜有专业的新媒体运营人才，大部分人都不懂，而高层管理者没有精力管，中层管理者不上心，对运营结果睁一只眼闭一只眼，毕竟这是新事物，结果也可想而知。

其三，行业内数据造假已然形成一条成熟的产业链，造假成本低且真伪难辨，例如，刷阅读量、点赞数量等。

随着社会化营销的发展，新媒体逐渐展示出传播力量的优势。企业越来越重视新媒体，配置的团队专业化程度也越来越高。很多社交媒体平台的运营人才和资深媒体人相继跳槽到企业做公关及品牌，企业再难被轻易忽悠。所以，如果这种代运营机构再不抓紧练好“内功”，则很快就会倒下。

第五种趋势：为基于真实需求的用户个性化定制企业业务

2017 年，共享单车着实火了一把，它就像一匹黑马出现在众人的视野中。在 20 世纪 90 年代，如日中天的中国制造业早已风光不再了，可谁曾知道，共享单车及共享充电宝却着实挽救了风光不再的制造业。这说明，只要基于用户的真实需求，或许就能在未来定制个性化企业业务。

第六种趋势：物联网将重构场景化的消费形态，软、硬件生态会逐步平衡

在以往，企业与媒体的界限非常清晰，即企业就是制造产品，媒体就是生产内容。但随着技术革新，企业对产品及用户消费心理的理解，使产品与内容的边界将变得越来越模糊。例如，现在的智能家居，就是软、硬件厂商之间的合作。像海尔、美的等传统家电企业，已经不再生产传统的冰箱、洗衣机、空调等家电产品，而是生产可以连接互联网的智能家电产品。

与消费者完成交易后便不再和企业发生关联的传统营销模式不同，物联网时代的产品交易完成仅仅是服务的开始。企业也从单纯的产品制造商变成了服务提供商，而且这其中的想象空间足够大。

新媒体对于企业的市场、业务及战略规划来说都是至关重要的。只有做好企业新媒体运营、锻炼好运营团队才能给企业带来新的希望。